Hilde Domin
Antillengeschichten

Eine Art zu lesen
Eine Art zu fliegen

GOYA

Das Buch

In acht frühen Erzählungen schildert Hilde Domin ihre Erfahrungen im karibischen Exil, in das sie vor den Nationalsozialisten floh. Sie handeln von alltäglichen, oft unerhörten Begebenheiten in den Bergen und in Santo Domingo. Noch bevor Domin als Lyrikerin bekannt wurde, zeigt sie sich hier als aufmerksame und scharfsinnige Erzählerin.

Die *Antillengeschichten*, die von der Begegnung europäischer und lateinamerikanischer Kultur berichten, werden in diesem Band erstmals und in ihrer ursprünglichen Zusammenstellung präsentiert.

Die künstlerischen Illustrationen von Ulrike Möltgen verleihen den Erzählungen über das Leben in der Dominikanischen Republik eine besondere Präsenz. Ein Nachwort der renommierten Literaturkritikerin Margarete von Schwarzkopf vervollständigt die Erstausgabe.

Die Autorin

Hilde Domin wurde 1909 in Köln geboren. Sie studierte Jura, Philosophie und Nationalökonomie. Ein Auslandsstudium führte sie und ihren späteren Mann 1932 nach Italien. Die Rückkehr nach Deutschland war ihr aufgrund ihrer jüdischen Herkunft nach der Machtergreifung der Nationalsozialisten verstellt. 1939 floh das Paar zunächst nach England, dann weiter in die Dominikanische Republik. Hier arbeitete Domin als Übersetzerin und Architekturfotografin. Nach zweiundzwanzig Jahren im Exil kehrte sie 1954 nach Deutschland zurück. Bekannt unter ihrem dem Exilland entlehnten Autorennamen Domin, wurde sie zu einer der bedeutendsten deutschsprachigen Lyrikerinnen und erhielt zahlreiche Literaturpreise und Auszeichnungen für ihr Lebenswerk. Sie verstarb 2006 in Heidelberg. Ihre selbstgewählte Grabinschrift lautet: »Wir setzten den Fuß in die Luft / und sie trug«.

Hilde Domin
Antillengeschichten

Illustriert von
Ulrike Möltgen

Herausgegeben von
Denise Reimann und Carla Swiderski

Mit einem Nachwort von
Margarete von Schwarzkopf

GOYA

2022

Mit herzlichem Dank für die Mitarbeit an
Celia John und Constanze Albrecht

Der Abdruck der *Antillengeschichten* aus dem Nachlass von Hilde Domin
erfolgt mit freundlicher Genehmigung des Deutschen Literaturarchivs
Marbach und des S. Fischer Verlags. Wir danken namentlich der
verlegerischen Geschäftsführerin Siv Bublitz und dem Lektor
Sascha Michel, für die freundliche Zusammenarbeit.

Besuchen Sie uns im Internet:
www.goyaverlag.de

Aus Verantwortung für die Umwelt hat sich der Verlag GOYA
dazu entschieden, keine Plastikfolie zum Einschweißen der Bücher
zu verwenden.

Klimaneutral
Druckprodukt
ClimatePartner.com/12566-2106-1022

MIX
Papier aus verantwor-
tungsvollen Quellen
FSC® C002795

Originalausgabe 2022
GOYA Verlag © 2022 JUMBO Neue Medien & Verlag GmbH, Hamburg
Alle Rechte vorbehalten
Umschlaggestaltung & Illustrationen: Ulrike Möltgen
Satz: Fabia Schubert
Gesetzt aus der Quadraat
Druck und Bindearbeiten: Livonia Print, Riga, Lettland
Printed in Latvia
ISBN 978-3-8337-4527-0

Inhaltsverzeichnis

Vorwort

Bei einem Besuch im Deutschen Literaturarchiv Marbach stießen wir in Hilde Domins Nachlass auf die *Antillengeschichten*. Wir hatten uns beide intensiv mit Domins Schreiben auseinandergesetzt. Auch mit den Prosaschriften der berühmten Lyrikerin, ihrem Roman *Das zweite Paradies* sowie ihren Essays. Doch diese Geschichten waren uns nicht bekannt. Schnell fanden wir heraus, dass sie bisher nicht veröffentlicht wurden.

Ihre Entstehungszeit fiel in weltgeschichtlich und persönlich turbulente Jahre. Zwischen 1945 und 1948 war der Zweite Weltkrieg erst seit Kurzem vorüber. Hilde Domin (damals noch Hilde Palm, geb. Löwenstein) und ihr Mann Erwin Walter Palm lebten noch immer im dominikanischen Exil, wobei ihre Ehe zu der Zeit gerade eine erste Krise erlebte. Während Palm sich überwiegend in Ciudad Trujillo, dem heutigen Santo Domingo aufhielt, wo er seit 1941 eine Professur für Archäologie und Kunstgeschichte innehatte, verbrachte Domin viel Zeit im bergigen Norden der Insel. In Jarabacoa oder dem noch höher gelegenen Bergdorf Constanza wollte sie nicht nur dem Trubel der Großstadt entfliehen, sondern auch – so legen ihre Briefe nahe – ihrer Rolle »einer großartigen Sekretärin«, als die sie ihr Mann einmal bezeichnet hat.

Palm und Domin hatten sich 1931 in Heidelberg kennengelernt und ein Jahr später beschlossen, gemeinsam nach Italien zu ziehen. Hier wollte Palm seine archäologischen und kunsthistorischen Studien in unmittelbarer Umgebung eines reichen Anschauungsmaterials fortsetzen. Domin, die ihr Studium der Philosophie und Nationalökonomie ebenfalls in Rom und Florenz weiterführte und 1935 mit Auszeichnung abschloss, unterstützte Palm in seinen Forschungen, indem sie für ihn zeichnete und die gemeinsame Haushaltskasse mit ihren Einnahmen als Deutschlehrerin aufbesserte.

Nachdem Italien nach der Machtergreifung Hitlers zum Exil wurde, nur um durch die zunehmend faschistische Politik Benito Mussolinis bald selbst zur Bedrohung zu werden, gelang dem Paar die Reise nach England. Schließlich erreichten sie Santo Domingo in der Dominikanischen Republik, für die sie dank der Rassepolitik des Diktators Rafael Trujillo Molina, der sich vom Flüchtlingszustrom aus Europa die »Aufhellung« seines Landes erhoffte, im Sommer 1940 ein Visum bekommen hatten. Die zwiespältige Erfahrung des Exils, das zugleich die erzwungene Flucht und die Möglichkeit eines Neuanfangs bedeutet, ist in Domins letzten Strophen des Gedichts »Herbstzeitlosen« eingefangen:

Für uns, die stets unterwegs sind
– lebenslängliche Reise,
wie zwischen Planeten –
nach einem neuen Beginn.

Für uns
stehen die Herbstzeitlosen auf
in den braunen Wiesen des Sommers,
und der Wald füllt sich
mit Brombeeren und Hagebutten –

Damit wir in den Spiegel sehen
und es lernen
unser Gesicht zu lesen,
in dem die Ankunft
sich langsam entblößt.

Nicht nur die Exilerfahrung war ambivalent, sondern auch Domins Haltung gegenüber dem Exilland. Domin äußerte mehrfach ihre Liebe für die karibische Insel und ihre Bewohner*innen, genauso wie ihren Schrecken angesichts der Überwachung und Willkürherrschaft Trujillos. Ein politischer und kultureller Austausch in den Kreisen europäischer Einwanderer*innen wurde von der Regierung weitestgehend unterbunden.

Hatte Domin schon in Italien und London alle praktischen Angelegenheiten übernommen, um Palm sein berufliches Fortkommen zu ermöglichen, verfestigte sich diese Rollenaufteilung in Santo Domingo: Während ihr Mann sich schnell einen Ruf als Spezialist für Kolonialarchitektur erarbeitet und gleichzeitig seinen schriftstellerischen Ambitionen nachgeht, unterstützt Domin ihn so gut sie kann:

Abgesehen von der Haushaltung und aufopferungsvollen Fürsorge recherchiert sie für ihn in Archiven und Bibliotheken, transkribiert und übersetzt seine wissenschaftlichen Arbeiten ins Spanische, besorgt die Entwicklung der Fotografien, die Palm ihr von seinen Forschungsreisen zuschickt, gibt Deutsch- und Lateinkurse, um zur Sicherung des gemeinsamen Lebensunterhalts beizutragen, und bemüht sich fortwährend um die öffentliche Anerkennung ihres Mannes, etwa indem sie den Überblick über Publikationsmöglichkeiten und hilfreiche Kontakte behält.

In den Bergdörfern Jarabacoa und Constanza hingegen weht ein etwas anderer Wind. Wenn Domin regelmäßig im August oder September eines Jahres in den Norden der Insel zieht, setzt sie ihre Arbeiten für Palm dort zwar geflissentlich fort; in der Abgeschiedenheit und Distanz zum Großstadt- und Eheleben – denn Palm ist nur unregelmäßig mit von der Partie – findet sie jedoch selbst zum Schreiben. »Liebster, liebster Affenkopf! Endlich hab ich begonnen zu schreiben. Ich weiß noch nicht, ob es sehr gut wird, aber ich bin zufrieden, dass wenigstens ein Anfang da ist.« Zurückhaltend, aber unverkennbar euphorisch klingt Domin, als sie Palm im Herbst 1946 von ihren ersten eigenständigen literarischen Versuchen berichtet. Wenig später hat sie einen Zyklus aus acht Erzählungen zusammen, die sie unter dem Pseudonym Denise Brühl zu veröffentlichen sucht.

Trotz ihrer Bemühungen – ja sogar einer Übertragung der Erzählungen ins Englische unter dem Titel *Guanabana-*

Stories – konnte die damals noch unbekannte Autorin während der Kriegsjahre keinen Verlag für die *Antillengeschichten* finden. Diese Erfahrung machten viele der ins Exil geflohenen Schriftsteller*innen, da ihnen der Zugang zu einer deutschsprachigen Öffentlichkeit und Leserschaft fehlte. Ein Debüt erhöhte die Chance auf eine Veröffentlichung sicherlich nicht.

In diesen frühen Geschichten berichtet Hilde Domin autofiktional von ihren Erfahrungen im karibischen Exil. Sie erzählt von den alltäglichen, oft unerhörten Begebenheiten ihres Lebens in den Bergen und in Santo Domingo. Der Krieg, die Verfolgung und die erzwungene Flucht aus Europa sind als Themen weniger präsent. Sie rücken in der Konzentration auf die karibische Lebensrealität in den Hintergrund. Zentrales Motiv ist die Begegnung europäischer und lateinamerikanischer Kultur.

Es treten menschliche und tierliche Charaktere auf, mit denen das Paar auch im realen Leben Umgang pflegt: ein freundlicher, zugleich rücksichtsloser Nachbar, neu gewonnene Freundinnen, eine findige Köchin, wechselnde Haushälterinnen und deren Familien, ein skandinavischer Forscher, Hühner, singende Puter, zugelaufene Kater und einige mehr.

Wenn Domin in ihren Briefen an Palm auf die »neusten kleinen Comödien« zu sprechen kommt, von denen sie ihrem Mann noch berichten müsse, dann geben jene anekdotischen Mitteilungen nicht selten den Stoff für spätere

Ausarbeitungen zu Geschichten ab. So etwa, wenn sie im eingangs erwähnten Brief von ihrer »alte[n] Freundin Da. Isabel« erzählt, die bestens damit fuhr, die regelmäßigen Erdstöße, die Jarabacoa 1946 besonders heftig heimsuchten, mit stoischem Gottvertrauen zu ignorieren. Oder wenn sie über ihre eigensinnige Köchin Vitalia klagt.

Es sind Geschichten, die ein anderes Licht auf die »Dichterin der Rückkehr« werfen. Zum einen, weil das Schreiben offenbar weitaus früher und tastender eingesetzt hat, als lange angenommen, und zum anderen, weil hier von ganz alltäglichen Exilerfahrungen die Rede ist, die nicht in der Rückschau, sondern während des Lebens vor Ort niedergeschrieben wurden.

Interkulturelle Begegnungen und Konflikte, auch Vorurteile werden durch die Erzählerfigur selbst veranschaulicht und gleichzeitig ins Absurde überführt. So wird etwa in *Vitalias Huhn* zunächst das Selbstbild westlicher Rationalität durch die Abgrenzung vom Magieglauben der karibischen Inselbevölkerung stabilisiert. Nur um anschließend durch die irrationale Furcht der Europäer*innen vor dem vermeintlichen Zauber die eigene Anfälligkeit für Aberglauben und die Angst vor dem Unbekannten humorvoll auf die Schippe zu nehmen.

Wie prägend die Exiljahre für Domin waren, lässt die spätere Wahl ihres Autorennamen erahnen, der an das amtliche Kürzel von Santo Domingo angelehnt ist. So heißt es in ihrem Gedicht »Landen dürfen«

Ich nannte mich
ich selber rief mich
mit dem Namen einer Insel.

Auch verließen Domin und Palm die Dominikanische Republik nicht sofort nach Kriegsende, wie die letzte Erzählung
des Bands vielleicht vermuten lassen könnte. Erst nach zweiundzwanzig Jahren im Exil wagten sie 1954 die Rückkehr
nach Deutschland.

Nachdem Domin sich als Lyrikerin etabliert hatte, ver-
öffentlichte sie nur einzelne der frühen Geschichten in Zei-
tungen oder Sammelbänden. So erschien eine Fassung von
»Die Hexe Vitalia und das bedauernswerte Huhn« unter dem
Pseudonym Denise Brühl 1959 in der *Welt*. Die Erzählung
»Und keine Kochbananen mehr« fand ihren Weg in *Von der
Natur nicht vorgesehen. Autobiografisches* (Piper 1981). Und der
Kater Gogh, der in »Nichts gegen Gogh« eingeführt wird,
begegnet einem in anderen Schriftstücken Domins wieder.

In seiner ursprünglichen Konzeption wurde der Erzähl-
band bis heute nicht verlegt. Viele Erzählungen sind gänzlich unbekannt. Dies mag unter anderem daran liegen, dass
das Thema Exil in der mit sich selbst beschäftigten Nach-
kriegsgesellschaft keine große Resonanz hatte. Und wenn
es gestreift wurde, war der Blick auf die Exilierten nicht unbedingt ein freundlicher.

Mehr Anklang fand Domins Auseinandersetzung mit
einem möglichen Neuanfang. Sie zeigte sich versöhnungs-

bereit unter der Voraussetzung, dass die Verbrechen gegen die Menschlichkeit nicht vergessen werden. Sie diskutierte die demokratischen Grundrechte sowie Pflichten und setzte sich aktiv gegen den neu aufkeimenden Rechtsradikalismus in der Bundesrepublik ein.

Für ihre Lyrik und ihr großes gesellschaftspolitisches Engagement ist Domin vielfach ausgezeichnet worden. Daher ist es auch nicht verwunderlich, dass Domin lange Zeit vorwiegend als »Dichterin der Rückkehr« betrachtet wurde, wie Hans-Georg Gadamer es bei der Verleihung des Meersburger Droste-Preises 1971 prägnant fasste. Erst nach und nach wurde sie daneben auch vermehrt als Dichterin des Exils, oder wie Ruth Klüger es formulierte, »Dichterin vieler Exile« wahrgenommen.

Dieser Band erscheint nun neunzig Jahre nach der Emigration von Domin und über siebzig Jahre nach Entstehen der *Antillengeschichten*. Diese ersten literarischen Schritte zeigen eine noch unbekannte Facette von Domin als Erzählerin des Exils. Sie liegen noch vor der viel zitierten zweiten Geburt Domins – wie sie selbst ihre Entwicklung zur Autorin nennt –, die sie in ihren autobiografischen Notizen auf das Jahr 1951 datiert.

Domins frühe Prosatexte sind Zeugnisse einer jungen, aufstrebenden Schriftstellerin, die sich bereits hier auf eine kurze Form konzentriert, sich jedoch noch nicht der verdichteten Sprache und komprimierten Form der Lyrik verschrieben hat. Zugleich zeigen sie, dass die Begegnung zwischen

den Kulturen sowohl heitere und skurrile Situationen hervor-
bringt als auch von Vorurteilen gegenüber dem Unbekannten
begleitet wird. Diese Ambivalenz macht die Geschichten zu
einem besonderen Dokument der Exilerfahrungen.

Genaue und scharfsinnige Beschreibungen des Erlebten
gehen mit einer erzählerischen Unbekümmertheit einher,
die einen manchmal fast kindlichen Blick auf die Welt zu-
lässt. Dahinter scheint eine große Neugier und Offenheit
gegenüber dem Unbekannten und Andersartigen auf, ohne
von einer interessierten, zugeneigten Grundhaltung abzu-
weichen. Die Erzählungen zeichnen sich durch eine präzise
Beobachtung und ein humorvolles Staunen aus. Sie lassen
sich als lebensdurstige Annäherungen an die vielstimmige
Wirklichkeit lesen.

Denise Reimann und Carla Swiderski

Vitalias Huhn

Alle waren dagegen, dass ich Vitalia immer wieder anstellte. Zumal ich für gewöhnlich über die Sommerferien ein abgelegenes Bauernhaus hoch in der Sierra mietete, wo sie dann monatelang meine einzige Gesellschaft war. Unsere Freunde unten in der Stadt, die Vitalia nur aus meinen Erzählungen kannten, schüttelten ungläubig den Kopf und sagten: »Doña Hilde, wie können Sie nur eine solche Person zur Köchin nehmen?« Unsere Freunde im Dorf, die sie ja aus der Nähe kannten, führten schwerwiegendere Gründe gegen sie an. Dass sie neuerlich in die *Calle de los Sentados* gezogen war, »Die Straße der Sitzenden«, eine Hüttenzeile am oberen Dorfrand, in der – wie schon der Name sagt – nicht gerade der agilste Teil der Bevölkerung wohnte, war noch das Wenigste.

Kaum war ich im Dorf angekommen, da nahm mich meine dicke Freundin Mercedes, die Wirtin des kleinen Hotels, in dem ich für gewöhnlich die erste Nacht verbrachte, beiseite und machte mir Vorwürfe, weil »meine« Vitalia, die sie im Vertrauen auf mich gleich nach unserer Abreise im vorigen Herbst angestellt hatte, ihre Gäste gründlich bestohlen habe.

»Hätte ich sie nicht hinausgeworfen, sie hätte mir das ganze Haus ausgeräumt«, beschwerte sie sich.

Ich konnte nur sagen, dass ich mich nicht über etwas Derartiges zu beklagen hatte. Zwar war mir bewusst, dass Vitalia von einer nicht alltäglichen Findigkeit war, und ich stellte dies in Rechnung, genauso wie wenn einer weiß, dass er eine sehr lebhafte Katze im Hause hat. Aber im Großen und Ganzen ist mir diese Eigenschaft meiner Köchin eher zugutegekommen. Wir pflegten zu sagen: Im schlimmsten der Fälle kocht Vitalia ein Essen auf der bloßen Hand. Ein paar alte Konservenbüchsen genügten ihr, um wahre Kochwunder zu vollbringen. In die »Straße der Sitzenden« gehörte sie temperamentmäßig jedenfalls nicht. Ganz im Gegenteil, ihrer Regsamkeit war es zu verdanken, wenn wir stets gut versorgt waren in einem Dorf, in dem es weder einen Markt noch Geschäfte gab und die Versorgung dem Zufall überlassen blieb. Vitalia fand immer noch bei irgendeinem Bauern einen Salatkopf oder ein Huhn, wenn andere Köchinnen mit leeren Händen nach Hause kamen. Sie hat eben eine natürliche Gabe, die Dinge auf sich zukommen zu lassen. Und ein Leben in äußerster Armut hat ihr den Blick geschärft für alles, was eine gegebene Lage zu verbessern vermag.

In diesem Sinne war allerdings jeder Gegenstand in dem Haus, in dem sie arbeitete, eine mögliche Verbesserung ihres eigenen, sehr fragmentarischen Haushalts. Trotzdem hatten Vitalia und ich nie Schwierigkeiten miteinander. Unser Ferienhaushalt bestand nur aus dem Unentbehrlichsten und bot somit ein klar übersehbares Panorama. Allabendlich versammelte ich meine Messer, Gabeln und so fort

in einer Art militärischem Appell, und alle kamen immer pünktlich. Nie habe ich einen so peinlich geordneten Haushalt geführt, wie als ich Vitalias Talenten Front machen musste.

In diesem Sommer sollte allerdings meine Freundschaft mit Vitalia auf eine starke Probe gestellt werden. Der Anlass dazu war ein Huhn, das sie sich angeschafft hatte und das darauf bestand, morgens um fünf sein Ei unter meinem Bett zu legen. Ich hatte Vitalia ausdrücklich verboten, das Huhn im Haus zu halten. Schließlich musste sie verstehen, dass ich nicht so weit vom Dorf weggezogen war, damit ihr Huhn morgens um fünf unter meinem Bett ein Ei legte.

Denn die Hühner in den Tropen haben nun einmal die fatale Neigung, es sich unter dem Fußboden bequem zu machen, in dem windgeschützten Dunkel, das dadurch entsteht, dass das Haus auf kleinen Stelzen ruht (täte es das nicht, die Dielen würden gleich vermodern). So aber hat man ungeladene Gäste unter sich, Schlangen, Ratten, oder eben Vitalias Huhn. Ganz abgesehen davon, dass auch Vitalia selbst sich gelegentlich des schummerigen Raums bediente, um dort kleinere Haushaltsgegenstände unterzubringen – in einer Art Quarantänestation zwischen Mein und Dein, von wo sie auf beinahe natürliche Weise wieder hervorkommen konnten, falls der Eigentümer rechtzeitig nach ihnen verlangte. Ich habe ja schon erwähnt, dass Haushalten mit Vitalia für mich eine strenge Erziehung zur Ordnung war und dass ich mir angewöhnt hatte, meine Dinge laut und deutlich bei ihrem Namen zu rufen. Sonst wären sie gewiss mehr als einmal schweigsam dort liegen geblieben. Das Eierlegen dagegen ist, in den Tropen wie anderwärts, ein Geschäft laut geäußerter Selbstzufriedenheit – nur dass nicht jedes Huhn über einen so guten Resonanzboden verfügt.

Im Übrigen hätte ein Einheimischer kaum etwas dagegen einzuwenden gehabt. Das Hühnervolk ist auf den Antillen Gegenstand besonderer Zärtlichkeit, wenn es auch nachts, statt in einem ordentlichen Stall, auf den Rizinusbäumen schlafen muss, die meist gleich hinter der Latrine wachsen. Niemanden stört es, dass der große Tropenmond die Hähne weckt, die sich die ganze Nacht lang, oft über Kilometer hinweg, etwas zurufen, bis das Dorf unter einer klingenden Glocke aus Mondlicht und Hahnenschreien liegt.

Ich habe eine Freundin in Havanna, eine elegante Frau mit einer modernen, luftgekühlten Etagenwohnung, die hat sich sogar von ihrem Mann am Hochzeitstag einen Hahn schenken lassen und hält ihn auf dem Balkon vor ihrem Schlafzimmer. So wie man bei uns eine Kuckucksuhr halten mag. Wenn der Hahn nicht ruft, ist es nicht richtig Nacht für sie. Als ich fragte, ob sich die Nachbarn nicht beschwert hätten, war sie ganz verwundert. Wie sollten sie auch, in einer Gegend, wo *qué gallo!*, »Welch ein Hahn!«, das höchste Lob für den Mann ist – sei er ein Diktator, ein Baseballspieler oder der Millionärinnenjäger Rubirosa – und wo die Eckensteher mittags den Mädchen zärtlich nachriefen: »Seht sie nur an! Was für ein Huhn!«

Wäre es daher das Huhn einer Nachbarin gewesen, das es sich unter meinem Schlafzimmer bequem gemacht hatte, so wäre eine Beschwerde von mir auf wenig Verständnis gestoßen. Ja, wenn ich darauf bestanden hätte, wäre es leicht zu einem Kriegsgrund geworden. Aber Vitalia ist ja nicht meine Nachbarin, sondern meine Köchin. Daher konnte ich geradeheraus zu ihr sagen: »Vitalia, ich will morgens schlafen. Dein Huhn stört mich. Schaff es woandershin«, und den Fall als erledigt betrachten.

In der Tat, der nächste Morgen nach dieser Aussprache verlief ungestört. Als ich aufwachte, stand die Sonne schon hoch am Himmel, und man hörte nur das Zirpen der Zikaden und bisweilen den raschen Hufschlag eines Indianerpferdchens auf der Landstraße. Danach vergaß ich das Huhn.

Ein paar Tage später – ich lag auf der Terrasse vor dem Haus in meiner Hängematte aus roten und grünen Agavenstricken – hörte ich kleine, leichte Schritte im Zimmer, ein regelmäßiges Tappen auf dem Holzboden, das näher kam. Und da erschien auch schon das Huhn in der Zimmertür. Vitalias Huhn – nur sich selber gleich. Unvergesslich. Es war eine kleine, aber doch sehr schwere Zwerghenne, mit so kurzen Beinen, dass die Füße kaum unter dem schwarzen Gefieder hervorsahen. Dafür war der Hals umso länger, fast wie bei einem Truthahn, dazu so knallrot und nackt, als wäre er frisch gerupft. (Man hat mir später gesagt, es habe sich um eine sogenannte Geierhenne gehandelt.) Was die

Federn angeht, so war jede einzelne gesträubt und in eine Art widerborstigen Kringel gerollt, sodass man versucht war, das Tier zunächst einmal glatt zu bürsten.

Das also war Vitalias Huhn. Meine erste Regung, als ich seinen roten Hals sah, war Ärger, dass es noch immer da war. Denn an seine unglückliche Erscheinung war ich bereits gewöhnt. Aber als es nun auf die Terrasse kam und auf ihr herumpickte, war etwas so Merkwürdiges und geradezu Unheimliches an dem Tier, dass mir der Ärger zerlief. Ich starrte wie gebannt auf das Huhn. Plötzlich wurde mir klar, was daran so unnatürlich war: Es gackerte – sein Schnabel ging auf und zu –, aber es brachte keinen Laut hervor. Vor Schreck fiel ich fast aus der Hängematte, als ich aufsprang und um das Haus herum in die Küche lief, um Vitalia zur Rede zu stellen.

Vitalia war ganz gekränkt. »Aber, Señora«, sagte sie, »mein Huhn hat sie doch gestört. Da hab ich es eben stumm gemacht.«

Ich sah in Gedanken schon, wie Vitalia dem armen Vogel die Zunge herausschnitt, und mir wurde übel. Alle Schauergeschichten, die ich je von Hexen, Messern und herausgeschnittenen Zungen gelesen hatte, stiegen vor meinem inneren Auge hoch. Klemens war wenige Tage zuvor in die Stadt gefahren, und ich war allein mit Vitalia und dem verstümmelten Huhn. Völlig allein. Auf zwei Kilometern Umfeld nichts als Weideland. Mit so viel Gleichmut, wie ich aufbringen konnte, sah ich in Vitalias ledernes, dunkel geschminktes Gesicht. Ein Gesicht, dem man wirklich allerlei zutrauen konnte. Ich sah sie also streng an und erkundigte mich so sachlich wie möglich nach den Einzelheiten der abscheulichen Operation. Jedoch lehnte Vitalia es entrüstet ab, das Huhn verletzt zu haben. »Aber, Señora«, sagte sie wieder, »ich wollte es doch so gerne hierbehalten, der Eier wegen. Zwerghennen sind so gute Leger. Und damit es Sie nicht stört, habe ich eben ein altes Rezept benutzt, das ich von meiner Mutter habe. Es ist ein ganz einfaches weißes Pulver. Wer es nimmt, verliert die Stimme.«

Ihre schwarzen Augen blickten mich flackernd und etwas schuldbewusst an, während ich ihr ungläubig und mit wachsendem Misstrauen zuhörte. Es konnte ihr nicht entgehen, dass meine Zuneigung zu ihr einen wirklichen Stoß erlitten hatte. Hastig fuhr sie fort: »Sie glauben mir nicht? Ich bin bereit, es Ihnen zu beweisen, Doña Dionisia. Wollen wir das Pulver einem Hund geben? Oder möchten Sie, dass ich es an den beiden Eseln ausprobiere, die nebenan auf der Wiese grasen? Sie werden sehen, den Tieren passiert nichts. Es ist ein völlig schmerzloses Mittel.«

Ich kann nicht behaupten, dass mich ihr Angebot getröstet hätte. Mit einer Handbewegung nahm ich die Redefreiheit meiner langohrigen Nachbarn in Schutz.

Während dieses Verhörs hatte das Huhn seinen scheußlich nackten Hals in die Küchentür hineingestreckt und pickte nun emsig die Körner auf, die seine Herrin ihm hinwarf, um mir zu beweisen, wie gesund und gut bei Appetit es war.

»Wie stellst du denn das weiße Pulver her?«, fragte ich. Doch es war viel einfacher. Vitalia kaufte es schlichtweg in der Apotheke. Sie erinnerte sich nicht an den Namen des Pulvers. Er stand auf einem Zettelchen, das sie in dem geheimnisvollen *Buch der Natur* aufbewahrte, das sie von ihrer Mutter geerbt hatte. (»Eine viel weisere Frau als ich. Sie wusste wirklich mancherlei.«) Auf jeden Fall schien der Apotheker keine Rechenschaft über die Wunderkraft des Pulvers zu geben, das er zu irgendeinem ganz alltäglichen Zweck verkaufte.

»Funktioniert es auch bei Menschen?«, war meine nächste Frage. Vitalia wurde es sichtlich ungemütlich. Sie protestierte aufgeregt: Sie sei eine gute Frau. Sie habe nie jemandem Schaden zugefügt. War sie nicht erst kürzlich spätabends bei strömendem Regen die dunkle Landstraße hinab ins Dorf gelaufen, um mir meine Medizin zu holen?

Ungeachtet dieser Beteuerungen ihres guten Charakters konnte ich es nicht lassen, sie weiter zu fragen, bis sie schließlich zugab – und dabei lächelte sie ein wahres Hexenlächeln –, dass wirklich einmal ein Nachbar eine kleine Dosis genommen hatte. »Aus Irrtum, versteht sich. Er hielt es für Magnesia.« Ein halbes Jahr lang konnte er nicht sprechen, bis seine Stimme allmählich zurückgekommen sei.

Trotz dieses fragwürdigen Geständnisses brachte es Vitalia doch irgendwie fertig, mich zu beruhigen oder zumindest meinen Glauben an ihre Ergebenheit wieder zu festigen, und

ich ging am Abend jenes Tages mit sehr geteilten Gefühlen zu Bett. Halb war ich entsetzt über ihre bösen Künste, halb war ich entzückt darüber, wie es schien, eine wirkliche Hexe in meinem Dienst zu haben. Auf jeden Fall, und damit tröstete ich mich, hatte sie bisher keine übermenschlichen Dimensionen angenommen, nicht so wie der Flaschenteufel, als er erst einmal aus der Flasche befreit war, und ich konnte sie entlassen, wann immer ich wollte, genau wie jede andere Köchin auch.

Am nächsten Nachmittag gingen zufällig Bekannte auf der Landstraße an unserem Haus vorbei: ein französischer Arzt mit seiner Frau, die für ein paar Tage zur Erholung in dem kleinen Hotel im Dorf verbrachten. Kaum sah ich sie, so lud ich sie ein, mit mir auf meiner Terrasse Kaffee zu trinken. Vitalia macht einen besonders guten Kaffee. Von ihr habe ich den Trick gelernt, eine Prise Zimt daraufzustreuen. Während sie den Kaffee zubereitete, beeilte ich mich, meinen Gästen das stumme Huhn vorzustellen und ihnen die Geschichte von dem weißen Pulver zu erzählen. Insgeheim hoffte ich dabei natürlich, sie würden mich und meine Leichtgläubigkeit auslachen. Es hätte mich doch beruhigt. Vorsichtig, zwischen Ernst und Scherz, erkundigte ich mich bei dem Arzt, ob er zufällig ein Pulver kenne, das die Stimmbänder zerstörte, ohne andere Organe zu beschädigen.

Aber meine Bekannten sahen mit unverhohlenem Entsetzen auf den gefiederten Beweis der geheimen Kräfte meiner Köchin. Und kaum kam Vitalia auf die Terrasse, das

Tablett mit den Kaffeetassen in den Händen, barfüßig und ehrerbietig, wie es die Landbevölkerung dort den Fremden gegenüber ist, da sprangen beide von den Schaukelstühlen auf und wiesen empört ihren Kaffee zurück. Nein, sie ließen mir gegenüber nicht den kleinsten Zweifel darüber, dass sie keine Lust hatten, sich von einer Hexe bewirten zu lassen. Und im Übrigen waren sie fest entschlossen, auch in Zukunft nie wieder etwas bei mir zu essen oder zu trinken. Im Dorf nicht und auch in der Stadt nicht. Wie konnte ich eine Person wie Vitalia auch nur eine Nacht länger im Hause behalten? Noch dazu, wo ich ganz alleine mit ihr war und so abgelegen wohnte? Vielleicht bildete ich es mir nur ein, aber es kam mir so vor – und ich fühlte, wie ich ganz rot wurde dabei –, als ob sie auch mich mit Misstrauen betrachteten. Zumindest verabschiedeten sie sich in einer geradezu unhöflichen Eile.

Ich schämte mich für uns Europäer. Darf die Vernunft vor einem stumm klappernden Hühnerschnabel derart die Flucht ergreifen? Ich beschloss, Vitalia zu behalten. Ich habe es nicht bereut. Ein paar Tage später hatten wir allerdings eine jener unbedeutenden Meinungsverschiedenheiten über den Preis gewisser Einkäufe, wie sie sich überall bisweilen mit Köchinnen ergeben. Vitalia widerstand manchmal nicht der Versuchung, zu mogeln. Und als wir uns dann des Abends nicht gerade sehr herzlich getrennt hatten, wachte ich mitten in der Nacht mit Unbehagen auf. Es kratzte mich seltsam im Hals, und ich konnte einfach nicht wieder einschlafen, ehe ich meine Stimme laut ausprobierte. Ich sprach noch völlig normal.

Da wusste ich, wie glücklich Odysseus gewesen sein musste, als er, während Circe schlief, sich heimlich die Wade abtastete und sie noch glatt und frei von Schweineborsten fand.

Ich reise mit Vitalia

»*Aqui termina el viaje*«, sagte Täubchen, der Chauffeur. »Hier ist die Fahrt zu Ende.« Der Lastwagen hielt ruckartig. Niemand widersprach. Es war zwar keineswegs unser erster unfreiwilliger Halt an diesem Tag, aber die stoische Resignation in Täubchens Stimme überzeugte uns auf der Stelle, dass es der letzte sein würde.

Palomita, also »Täubchen«, sprang ab und beugte sich über den Motor. Er war ein imposanter Schwarzer, der es leicht zum Preisboxer hätte bringen können. Seine auffällige Erscheinung wurde durch eine höchst fantastische Kopfbedeckung aus eigener Herstellung verstärkt, zu der er – wer konnte das in dem jetzigen verschwitzten Zustand noch erkennen? – ein Küchenhandtuch, vielleicht aber auch einen alten Unterrock seiner Frau benutzt haben mochte. Jedenfalls passte der tolle Turban gut zur Form seines Kopfes. Da stand er nun und sah untätig mit an, wie der Motor mit einem letzten kleinen Klagelaut alles Benzin von sich gab. Eine stinkende Lache bildete sich auf der verlassenen Landstraße. Es war mitten im Krieg, Benzin war kaum zu haben, und es war ein ungewöhnliches Glück gewesen, dass wir diesen Lastwagen gefunden hatten. Damals konnte man stundenlang über die Insel fahren, ohne etwas anderem als Maultierkarawanen zu begegnen und Bauern zu Pferd oder auch Fußgängern, die etwa ins nächste Dorf zu einem Hahnenkampf gingen und ihren Hahn neben sich herhüpfen ließen, wie es landesüblich ist: Menschenfuß und Hahnenfuß durch einen Strick verbunden.

Man sieht, wir hatten allen Grund unsere Panne ernst zu nehmen. Trotzdem machte niemand von uns Täubchen einen Vorwurf, und zwar keineswegs, weil wir von seinem imposanten Äußeren eingeschüchtert gewesen wären. Sein Spitzname zeugte von einem sanften und friedfertigen Charakter. Aber den ganzen Morgen lang hatten wir seine heroischen Anstrengungen mit angesehen, der Maschine Herr zu werden. Er hatte wirklich sein Bestes getan und keine Mittel gespart, weder mechanische noch natürliche: Nicht zufrieden mit dem, was der Werkzeugkasten hergab, hatte er den Blasebalg seiner mächtigen Lunge nicht geschont und abwechselnd wie ein Trompeter in ein kleines Röhrchen des Motors hineingeblasen oder wahlweise auch am andern Ende des Röhrchens gesaugt wie ein Riesenbaby. (Ich möchte dazu bemerken, dass ich immer noch kein Autofahrer bin und mich daher jedes Urteils enthalten muss, ob Palomitas beeindruckende Atemübungen als solche überhaupt geeignet waren, die Lage zu verbessern.) Einer der Mitfahrenden hatte strahlend versichert, nun werde der Chauffeur zu kräftigeren Mitteln greifen. Aber sei es, dass der Motor keiner zusätzlichen Flüssigkeit bedurfte, sei es, dass meine Gegenwart es nicht dazu kommen ließ: Palomita machte keinen Gebrauch von seinen höchst persönlichen

Wasserreserven, und ich muss es dahingestellt sein lassen, ob dieses letzte Hilfsmittel auf einer einsamen Landstraße in den Tropen einem widerspenstigen Motor Manieren beibringen kann.

Wie dem auch sei, Palomita hatte die Sache aufgegeben. Intim vertraut, wie er mit dem Motor war, machte er das ergebene Gesicht eines Ehemanns, der endgültig begriffen hatte, dass seine Frau ist, wie sie ist.

Für einen Augenblick herrschte absolute Stille. Keine aufmunternde Stimme rief mehr, »gib ihm die Sporen«, wie bei allen vorherigen Pannen. (Da jedermann auf den Antillen gut im Sattel sitzt, behandelt man das Auto, als wäre es ein Pferd, man »spornt es«, man »peitscht es«, man holt aus ihm heraus, was es nur hergeben mag. Mit einem einzigen Unterschied: Dem armen Tier kann man zusetzen, solange nur noch ein Funken Leben in ihm ist. Die Maschine dagegen hat die Möglichkeit, den Dienst zu verweigern.)

Aqui termina el viaje. Wir hätten keinen besseren Ort wählen können. Wir befanden uns fast genau auf halbem Wege zwischen dem Gebirgsdorf, wo wir am frühen Morgen losgefahren waren, und dem kleinen Ort hoch in der Sierra, den wir uns so kühn für die Sommerferien ausgesucht hatten. Was die Landschaft betrifft, so hätte sie nicht schöner sein können: Wir waren auf einer Straße, die den Rücken der Bergkette entlangläuft. Zu beiden Seiten öffnet sich auf dieser Höhe eine weite Aussicht auf die dunkelblauen Hänge der Zentralkordillere, mit dem ganzen Reiz des Tropenpanoramas, in dem die feucht-heiße Luft die Ferne heranrückt, ohne ihr damit den geheimnisvollen Schleier zu nehmen.

Die benachbarten Hügel waren grün und dicht mit Wald bestanden. Zu unserer Rechten streckte ein abgestorbener Mahagonibaum seine blattlosen Äste ins Blau wie die Hand eines riesigen Skeletts. (Selbst Salvador Dali hätte keinen nackteren Baum erfinden können.) Das einzige Zeichen der Zivilisation, unsere Landstraße, verschwand wenige Meter vor und hinter uns in steinigen Kehren. Es war eine ewige Landschaft. Nichts von irgendwelchem Belang hatte sich hier ereignet, seit den Tagen, an denen die spanischen Ritter das erste Mal in ihrer schweren Rüstung unter der tropischen Sonne gestöhnt hatten, bis zu diesem Augenblick, in dem der »Wilde Indianer« (so hieß unser unfreundlicher Last-wagen, denn wie jedes Vehikel auf der Insel, hatte er seinen persönlichen Namen) es uns überließ, ohne seine Hilfe aus diesen Bergen herauszukommen. Jedenfalls, sollte es wahr sein, was einsame Jäger und Hirten immer wieder von Zeit zu Zeit behaupten und selbst die Zeitungen der Hauptstadt manchmal allen Ernstes berichten, und sollten wirklich noch ein paar Ureinwohner der Insel in diesen abgelegenen Gebirgstälern ihr Leben fristen – Leute, von denen erzählt wird, sie hätten die angenehmsten Wohnungen auf dem Grunde der Gebirgsbäche und tauchten nur gelegentlich aus dem Wasser auf, mit funkelnden goldenen Halsketten und Armringen als einziger Bekleidung –, sollten diese Gerüch-te also tatsächlich stimmen, dann ließ sich den idyllischen

Einsiedlern eine ungestörte Zukunft voraussagen: Die Szenerie sah ganz so aus, als ob die Jahrhunderte auch weiterhin spurlos an ihr vorüberziehen würden.

Was uns betraf, so wäre ein Einhorn hier ein kleineres Wunder gewesen als ein normales Gefährt. Den »Wilden Indianer« konnten wir jedenfalls aufgeben. Obwohl es etwas vorzeitig war, nahm ich eigentlich nicht ungern Abschied von den zudringlichen blinden Passagieren, diesen kleinen, rötlichen, flachen Ellipsen, die in dem zerschlissenen Leder des Sitzes zu Hause waren, auf dem ich bisher zwischen Palomita und dem Eigentümer des Wagens eingeklemmt gewesen war, und die mir als Gast besondere Ehre angetan zu haben schienen (denn meine Nachbarn, ich beobachtete sie genau, gaben keine Zeichen von Unbehaglichkeit).

Klemens, Vitalia und die fünf Arbeiter stiegen herunter von der Burg, die sie aus unseren Koffern, Matratzen und der Kiste mit den Küchenutensilien aufgebaut hatten. Diese Burg ruhte auf einer Plattform ohne Seitenwände, und zu Beginn der Fahrt, als der »Wilde Indianer« noch gut bei Kräften war, hatte die kleine Truppe ein wahres Achterbahnvergnügen geliefert bekommen: Ihre Angstschreie in den Kurven und beim Auf und Ab der kläglich schlechten Straße genügten, um die Milch in den Eutern der unter den Palmen weidenden Kühe gerinnen zu lassen. Aber seit wir die Burg mit Hilfe unserer Wäscheleinen befestigt hatten, war die Fahrt dort oben gewiss angenehmer gewesen als auf meinem bevorzugten, aber allzu lebendigen Sitz.

Da standen wir nun. Sechzig Kilometer waren eine so respektable Entfernung wie eh und je, und es war kein Trost, dass wir im Zeitalter des Atomreaktors lebten und demnächst in einem Tag um die Erde reisen konnten. Die Landstraße lag in der prallen Sonne eines ungetrübten tropischen Vormittags. Es war vielleicht der schattenloseste Abschnitt auf der ganzen Fahrt. Nur unser kranker »Indianer« warf ein kleines Schattenviereck auf den Sand, und ein paar Schritte weiter bot eine einzelne Fichte ihre noch bescheidenere Gastfreundschaft an. Obwohl es eine sehr schüttere Fichte war (die Natur in den Tropen hat eine Neigung zu übertreiben, sowohl ins Fette und Üppige wie ins Ausgedörrte und Schmächtige), steuerten Vitalia und ich sofort auf die Fichte los, während Palomita und seine Leute sich auf der staubigen Straße an der Seite des Wagens ausstreckten. Zeit ist ein Luxus, an dem es auf der Insel niemandem fehlt.

So blieb es also Klemens und Raphael, dem Eigentümer des Gefährts, überlassen, welche Schritte sie unternehmen wollten. Man kann das nicht wörtlich genug verstehen. Nach einem Augenblick unglücklichen Zauderns entschlossen sie sich für die Richtung, aus der wir gekommen waren, und verschwanden um die Ecke des Berghangs. Klemens klein, lebhaft und ungeduldig, Raphael riesengroß und phlegmatisch, aber mit so langen Beinen ausgerüstet, dass sie seinen Mangel an Temperament mehr als wettmachten.

Vitalia und ich machten es uns an der Böschung im Schatten der Fichte gemütlich, wozu wir uns ihres schreiend gelben Köfferchens mit Tigermuster und des kleinsten meiner Koffer bedienten. Wir hatten genug Zeit vor uns, um alle Neuigkeiten auszutauschen, die sich seit den letzten Sommerferien ereignet hatten, in denen sie meine Köchin und Hausgenossin gewesen war. Dieses Jahr hatten wir ihr geschrieben und sie gebeten, mit uns in das einsame Gebirgsdorf zu kommen, in dem wir ein Bauernhaus für den Sommer gemietet hatten. In einem ausführlichen Brief hatte sie ihrer Anhänglichkeit Ausdruck verliehen und sich bereit erklärt, mit uns in diese kühlere Gegend zu fahren, in der nicht einmal eine anständige Kochbanane gedieh, vorausgesetzt, wir erhöhten ihren Lohn um einen Peso im Monat. Und ihr Prestige im Dorf war berghoch gestiegen, als man sah, wie sie diesen Morgen zu uns auf den Wagen kletterte.

Nun muss man allerdings sagen, dass Vitalias Ruf eine solche Auffrischung gut brauchen konnte. Die Geschichte mit dem Huhn, dem sie das Gackern ausgetrieben hatte, war mit dem größten Widerwillen aufgenommen worden. In einem Lande, in dem der junge Mann aus guter Familie, der sich selbst für einen begehrenswerten Ehekandidaten hält, sich hütet, von einem jungen Mädchen auch nur eine Tasse Kaffee anzunehmen – denn wenn sie ein Auge auf ihn geworfen hat, so besteht immerhin die Möglichkeit, dass sie ihn bezaubern möchte und zu diesem Zweck den Kaffee mit einer höchst natürlichen Flüssigkeit versetzt, der übernatürliche Kräfte zugeschrieben werden und die man im Kaffee vielleicht arglos herunterschluckt –, in einem solchen Lande hatte niemand das geringste Verständnis dafür, dass jemand sich rein zum Vergnügen eine Hexe zur Köchin nahm. Und man hatte mich mit düsteren Prophezeiungen verabschiedet, weil ich den Rat der Vernünftigen in den Wind geschlagen hatte.

Kaum hatten Vitalia und ich uns also auf unseren Koffern am Wegesrand niedergelassen, erkundigte ich mich, wie es ihr im letzten Jahr ergangen war. Sehr gut konnte es nicht sein, denn sie wirkte abgemagert, und obwohl sie ein lebhaftes, etwas ins Lila gehendes Rosa aufgelegt hatte, hing ihre Haut in losen Falten über das knochige Gesicht. Nur ihre schwarzen Augen hatten den alten Glanz. Vitalia hat weder etwas von einer Schwarzen noch von einer Indianerin. Man könnte denken, sie gehöre zu den Sinti und Roma, und nach ihrer ältesten Tochter zu schließen, musste sie einmal eine wahre Teufelsschönheit gewesen sein.

Zunächst erkundigte ich mich nach ihrem Mann, an dem sie mit großer Zärtlichkeit hängt. Das Erste, was ich von Alquimedes zu Gesicht bekam, wenige Tage nachdem Vitalia in meinen Dienst getreten war, war ein außerordentlicher Liebesbrief, den er seiner Frau geschrieben hatte und der bei Weitem über das hinausging, was man zu erwarten pflegt, wenn Romeo ein Maultiertreiber ist, der noch dazu über zehn Jahre mit seiner Julia lebt.

Ich musste Vitalia damals den Brief vorlesen, denn sie ist Analphabetin, und sie diktierte mir die Antwort, die aber viel weniger romantisch ausfiel und eher die Gefühle einer liebevollen Familienmutter ausdrückte. (Vielleicht schämte sie sich auch, mir eine Antwort im gleichen Stil zu diktieren, während Romeo, seinerseits ebenfalls ein Analphabet, keine solchen Hemmungen gehabt hatte.) Wenn die Nachtigall in seinem Brief fehlte, so war das jedenfalls nur darauf zurückzuführen, dass die tropische Nachtigall am Tage singt und daher der Erinnerung an zärtliche Nächte nichts hinzuzufügen vermag.

Alquimedes war damals in der Hauptstadt gewesen und schien in einer Art Staatsdienst zu stehen, über den seine Frau sich nur undeutlich äußerte. Aber als unser gegenseitiges Vertrauen zunahm, erfuhr ich, dass der »Staatsdienst«, der ihn in der Stadt festhielt, das Gefängnis war und dass er im »Katzenkleide« ging (wie die gestreifte Gefängnistracht hierzulande genannt wird). Noch dazu saß er wegen einer äußerst peinlichen Angelegenheit. Er hatte noch eine andere Frau, die Vitalia aber als unehelich betrachtete, obwohl auch sie mehrere Kinder von ihm hatte und keine von beiden wirklich mit ihm verheiratet war. Diese nun hatte Alquimedes angezeigt, weil er ihr mehrere Monate lang den vom Gesetz vorgeschriebenen Unterhalt für die Kinder schuldig geblieben war.

Während er im Gefängnis saß, hatte Vitalia ihr Maultier und die einzige Kuh verkauft, damit sie in die Stadt reisen und ihn besuchen konnte. So war es ihr möglich, ihn gegen die Härte des Gefangenendaseins mit ein wenig Geld zu versorgen – und nach dem erwähnten Brief zu urteilen, hatte dieses Opfer das lieblose Verhalten der Rivalin umso schmählicher erscheinen lassen und seinen Gefühlen für Vitalia eine neue Wärme verliehen.

Romeo kam aus dem Gefängnis zurück, kurz bevor unsere Ferien vorbei waren. Er war ein nett aussehender Halunke, ein Müßiggänger von einer gewissen Grazie, dem man es auf den ersten Blick ansah, dass er eine arbeitsame und findige Frau brauchte.

Jetzt war ich natürlich neugierig zu hören, ob sie das Feld behauptet hatte. Nein, erzählte mir Vitalia mit großer Offenheit und mit unverminderter Eifersucht, so unglaublich es sich anhöre, er habe diese gemeine Person wieder an sein Herz genommen, und sie erwarte in diesen Tagen ein neues Kind von ihm.

»Er hat sie in andere Umstände gebracht«, sagte sie. »Auch wenn er es abstreitet. Deswegen kam es mir auch so gelegen, eine Zeit lang mit Ihnen wegzugehen.«

Im Übrigen konnte Vitalia sich nicht beklagen: Sie selber hatte in diesem Jahr auch ein Kind bekommen, ihr sechstes von Alquimedes und ihr zehntes, wenn man die von ihren früheren Männern mitrechnete. Aber das Kind war unter einem bösen Stern geboren.

»Es begann schon schlecht, Señora«, sagte sie. »Es rutschte irgendwie aus mir heraus … und das an einem höchst ungeeigneten Ort. Beinahe wäre es mir in die Latrine gefallen. Ich habe es gerade noch rechtzeitig erwischt. Ein Glück, dass ich so flink bin.«

Jedenfalls würde das Kind nie etwas von diesem einzigartigen Geburtsunfall hören. Es war wenige Tage darauf gestorben. Sie hatte die Leiche in einer Schuhschachtel begraben, sehr feierlich und wie es sich gehört. Und auch an Blumen und Gebeten hatte sie nicht gespart. Die Pesos, die der Sarg und die kirchliche Beerdigung gekostet hätten, waren für die Lebenden nützlicher als für den kleinen Toten. Die Bürgermeisterei war allerdings anderer Ansicht. Das Kind wurde ausgegraben, samt Blumen und Schuhkarton, und Vitalia hatte ihrerseits einige Wochen in dem Gefängnis der nahen Provinzhauptstadt verbracht.

Diese Abwesenheit hatte die alte Flamme ihres Mannes benutzt, um ihn wieder an sich zu reißen, und das erlebte Pech gab Vitalias Hass auf die Rivalin eine besondere Bitterkeit. »Aber so sind die Männer«, sagte sie, »und während man arbeiten geht, kann man nicht auf sie aufpassen.«

Ich versicherte sie meines Mitgefühls. Es war ja wirklich ein schreckliches Jahr für sie gewesen. Gleichzeitig aber prickelte ich vor ungesunder Neugierde.

»Vitalia«, sagte ich, nachdem ich sie eingehend bemitleidet hatte. »Eigentlich kann ich dich gar nicht verstehen. Wieso gibst du so klein bei? Eine Frau von deinem Wissen! Ich bin ganz erstaunt. Hast du mir nicht selbst gesagt, dass du das Geheimnis kennst, wie man sich der Treue eines Mannes versichert? Du sagtest doch, man brauche nur eine Kerze zu nehmen oder einen Maiskolben, müsse die Spitze abknicken und dabei den Namen des Mannes nennen, dem man die Liebe aller anderen Frauen verbieten will. Natürlich erinnere ich mich nicht mehr an die genaue Formel, die du mir damals gesagt hast, aber du kennst sie doch sicher auswendig. Und du weißt, dass ich von deinen Künsten überzeugt bin, seit du das Huhn hast verstummen lassen.«

Kaum hatte ich das Huhn und Vitalias geheime Künste erwähnt, kam ich auf den Gedanken, dass das wundersame *Buch der Natur*, das alle Zauberrezepte enthielt, vermutlich in dem getigerten Köfferchen lag, auf dem wir saßen. Sofort bot ich an: »Falls du die richtige Formel vergessen hast, Vitalia, mach nur deinen Koffer auf und hole das *Libro de la Naturaleza* hervor. Ich werde es für dich nachlesen, und dann wirst du der Untreue deines Mannes ein für alle Mal ein Ende machen.«

Aber Vitalia schüttelte nur betrübt den Kopf, und ihre dunklen Augen waren voller Traurigkeit. »Das Buch ist nicht im Koffer, Doña Hilde«, sagte sie. »Und was die richtigen Worte betrifft, die kann ich auswendig. Aber diese Beschwörung ist von einer so furchtbaren Kraft, dass ich Angst habe, mich ihrer zu bedienen. Die Natur könnte sich rächen.«

Ich war etwas überrascht, dass sie sich so unerwartet für einen natürlichen – wenn auch durchweg unerfreulichen – Verlauf der Dinge aussprach. Ihre Zurückhaltung beruhte sichtlich auf einem Tabu: Sie hatte Angst, die Beschwörung möge radikalere Folgen haben als die beabsichtigten.

Ich konnte es aber nicht lassen, sie ein wenig in Versuchung zu führen.

»Vitalia«, sagte ich zu ihr. »Du bist nicht die Erste, die sich in dieser Lage befindet. Ich erinnere mich: Ich habe einmal den Bericht eines sehr berühmten Mannes gelesen, der für alles andere bekannt war als dafür, ein treuer Ehemann zu sein. Er beschreibt, wie er eines Tages auf einer seiner Reisen in einem kleinen Hotel abstieg und von einem sehr hübschen Zimmermädchen bedient wurde. Sie sah gleich, dass sie ihm gefiel, und da sie ja das Haus gut kannte, fand sie leicht in sein Zimmer und in sein Bett. Da schlief sie die Nacht an seiner Seite – während er seiner Frau einen gereimten Brief schrieb, in dem er ihr mit vielen netten Einzelheiten, die eine Frau erfreuen, erzählte, wie er sich zu seiner eigenen Überraschung als treuer Ehemann erwiesen habe. Dieses ungewöhnliche Tagebuch ist gedruckt worden, denn der Schreiber war einer der größten Dichter, die je gelebt haben: ein gewisser Goethe. Daher weiß man von der Sache.«

»Nein«, antwortete Vitalia. »Doña Hilde, Sie werden mich nicht überreden. Was für ein Zaubermittel die Frau von diesem Goethe auch angewandt haben mag, ich betrachte es als zu riskant. Alquimedes ist ein Mann wie alle Männer, er gehorcht nur einem Naturgesetz, und ich traue mich nicht, es zu verbiegen.« Damit stand sie auf und kehrte ihren resignierten Gedanken entschlossen den Rücken, um sich einer nützlicheren Tätigkeit zuzuwenden.

Während wir redeten, war die Sonne immer höher gestiegen, und der Fichtenschatten, in dem wir saßen, war bis an den Stamm zurückgeglitten. Auch das Schattenviereck neben dem Lastwagen hatte sich zurückgezogen, und die Männer waren ihm gefolgt und schliefen jetzt unter dem »Wilden Indianer«, dicht bei der fettigen Benzinpfütze. Ich hatte kaum bemerkt, wie die Zeit vergangen war, aber als der Schatten nun langsam auf der entgegengesetzten Seite unter dem Wagen hervorkroch und die Hand des toten Mahagonibaums sich auf der Landstraße vor uns abzuzeichnen begann, wurde mir allmählich klar, dass ich die Nacht mit Täubchen und seinen Leuten hier oben auf dem Pass verbringen würde, mit Vitalia als Anstandsdame.

Vitalia hatte inzwischen eine Mahlzeit aus gerösteten Kochbananen improvisiert, was insofern einfach war, als riesige Büschel Bananen die Hauptfracht unseres Lastwagens ausmachten. Dazu – und wie sie das fertiggebracht hatte, war schon weniger leicht zu erklären – reichte sie eine Konservenbüchse mit heißem, ungesüßtem Kaffee herum, wobei sie zum Glück bei mir den Anfang machte.

Als es schon dunkel wurde und eine kühle Brise uns darauf vorbereitete, dass die Nacht auf solcher Höhe selbst in den Tropen ungemütlich kalt ist, hörten wir endlich in der Ferne menschliche Stimmen. Kam man uns doch noch zu Hilfe? Nein, wir mussten uns getäuscht haben. Alles war so still wie zuvor. Da waren die Rufe wieder, aber diesmal kamen sie aus der entgegengesetzten Richtung. Plötzlich war es, als ob man uns von allen Hügeln etwas zuschrie. Danach ein umso tieferes Schweigen. Ich war so enttäuscht, dass ich es aufgab, auf die Stimmen zu achten. Auf einmal

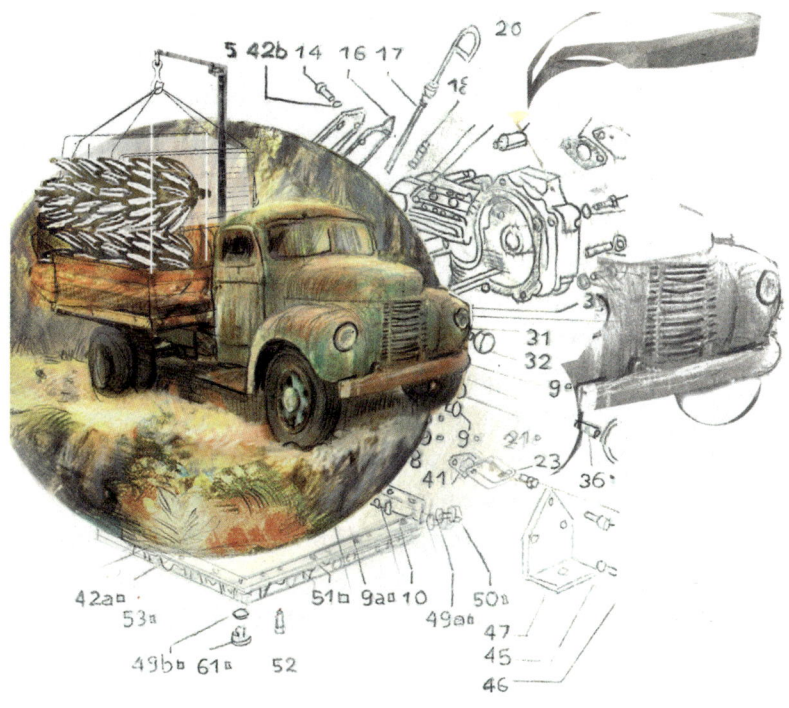

5 42b 14 16 17

20

18

31
32

9°

9° 9° 21°
8 23
41
36°

42a□
53□
49b□ 61□ 52

51□ 9a□ 10 50□
49a□ 47
45
46

Hufgetrappel, ganz deutlich. Schatten erschienen auf dem nächsten Hügelrücken und kamen näher, nur um wieder zu verschwinden. Und plötzlich, wie aus einem Knallbonbon geschossen, stand die Rettungskarawane da, von Klemens und Raphael mit sichtlichem Stolz angeführt.

Unsere Koffer und die Kiste wurden auf Maultierrücken geschnürt, und ganz obenauf saß unser einohriger Kater Gogh, dessen Piratengesicht vergnügt aus dem Sack sah. Er war noch nie auf einem Maultier geritten.

Dann stiegen wir auf und ließen die Karawane, Vitalia, Gogh und die Maultiertreiber, in langsamerem Trott nachkommen. Mir hatte man einen riesigen, aber bequemen schwarzen Hengst mitgebracht. Klemens ritt auf einem der lebhaften kleinen Indianerpferdchen. Und Raphael bestieg einen eigenwilligen und teuflisch schnellen Maulesel, der sofort in einen ungezügelten Galopp fiel, sodass des armen Reiters überlange Beine wie Trommelschlegel auf die Landstraße hämmerten. In einem ruckartigen Auf und Ab wurde seine hilflose Silhouette in ungebührlicher Eile auf dem Weg zum Abendessen ins Dunkel entführt. Aber wenn unsere Tiere auch langsamer waren, unser Lachen holte ihn ein.

Der Froschfresser

Ich saß auf der Terrasse, als er zögernd an dem Hause vorbeiging. Er ging zweimal vorbei. Dann entschloss er sich. Wie manche Katzen schräg ins Zimmer kommen – oder besser, ein Tiger schräg in den Käfig –, kam er von der Seite her die Stufen hoch, indem er die rechte Seite seines schwerfälligen Körpers voranschob. Es war, als ob er am liebsten für jede Stufe, die er nahm, zwei Stufen zurückgegangen wäre, aber es sich kraft einer großen Willensanstrengung verbot. Den Kopf hielt er schräg abgewandt, wie es der Körperhaltung entsprach, sodass er ganz im Profil auf mich zukam. Es war ein schwerer, großer Mann mit blondem, leicht ergrautem Bart und tief gefurchten Zügen. Eine Erscheinung, die in der Stadt auf der Insel sofort herausfiel. Wäre er schon länger hier gewesen, wir hätten ihn bestimmt bemerkt.

Auf der Hälfte der Treppe blieb er stehen und fragte, ohne sich mir zuzuwenden, mit stockender Stimme: »Wohnt hier ...?« Klemens war leider nicht zu Hause. Aber ehe ich den merkwürdigen Besucher auch nur um seinen Namen bitten konnte, ergriff er die Flucht, wobei er endlich seinem Wunsch nachgab, lieber wegzugehen als zu kommen. Schon während er gesprochen hatte, war er eine Stufe zurückgewichen, wie eine Katze, die man verjagt. Ich war ganz bestürzt. Er sah keineswegs alltäglich aus, selbst aus europäischer Sicht. Der Vergleich mit der Katze ist gänzlich unpassend und nur, was das Unbestimmte der Annäherung an das Fremde und das Überstürzte des Rückzugs betrifft, überhaupt annehmbar. Er hatte nichts wendig Elegantes, Leisetretendes. Ganz im Gegenteil, er war seines Körpers offensichtlich nicht Herr. Als wäre er ein großes, schwer manövrierbares Schiff, mit dem man leicht auf den Grund läuft und das man daher besser von der Küste fernhält.

Er schien mir bei diesem ersten Besuch, wenn man es Besuch nennen darf, etwas zwischen einem Gelehrten und einem Holzfäller zu sein. Ein wenig so, wie Robinson Crusoe in den Kinderbüchern dargestellt wird, gleich nach dem Schiffbruch, wenn er am einsamsten und unbeholfensten ist. Ich versuchte, mit seinem riesigen Rücken eine Art Verbindung herzustellen, indem ich ihm nachrief, Klemens sei am Nachmittag besser anzutreffen. Er drehte mir nochmals die Seite zu und murmelte etwas vor sich hin, was ich als ein »Ich komme wieder« deutete.

An einem Nachmittag, an dem ich nicht zu Hause war, war er tatsächlich wiedergekommen. Ich hörte, dass er ein skandinavischer Naturforscher sei, der oft das indische Archipel bereist hatte, sich aber jetzt den Antillen widmen wolle. Im Übrigen verhielt er sich erneut so schreckhaft, dass man glaubte, er wolle am liebsten wieder davongehen, und hatte sich nur mit Mühe zum Sitzen nötigen lassen. Allerdings habe er sich dann von Minute zu Minute behaglicher gefühlt, so versicherte mir Klemens stolz, als handelte es sich um die Zähmung eines wilden Tiers. Und zum Schluss sei der Gast geradezu aufgetaut und habe eine volle Stunde von seinen Reisen erzählt. Höchst interessant, wenn auch etwas verworren. Eigentlich wirkte er mehr wie ein Naturforscher aus dem siebzehnten Jahrhundert, der seine Wissbegier wie eine große Schaufel vor sich hertrug. Er hob alles auf, was irgendwie merkwürdig und mitnehmenswert schien, handelte es sich nun um Tiere, Pflanzen oder Zeugnisse menschlicher Bräuche. Dann lud er es kistenweise in seiner Heimat ab, wo, wie er erzählte, bereits mehrere Säle im Museum damit vollstanden. Zum Katalogisieren schien er nicht recht zu kommen, denn das Reisefieber ergriff ihn wieder, sobald er ausgepackt hatte, und ließ ihm kaum die nötige Zeit, um seine nächste Reise vorzubereiten.

Seine Frau und zwei schmächtige blonde Söhne begleiteten ihn auf diesen Fahrten. Die Familie, wenn man sie so über die Straße gehen sah, bot in der Tat einen nicht alltäglichen Eindruck. Immer, selbst in der Stadt, verhielten sie sich, als befänden sie sich in einer schmalen Schneise im Urwald, wo man froh ist, wenn das Buschmesser Platz für einen schafft. So gingen sie hintereinander wie die Indianer: voran der mächtige Körper des Vaters, der das eine Bein etwas nachschleifte, da der lange Aufenthalt in den Tropen ihm ein schweres Rheuma eingetragen hatte. Dann die bescheidene, kleine Frau und hinter ihr, nach Größe geordnet, die beiden Söhne. Da der Vater es, trotz der Gefahr der Sandflöhe, die sich bekanntlich einen Weg ins Gewebe graben und, wenn man sie nicht beizeiten herausschneidet, in den Blutkreislauf gelangen, für gesünder hielt, gingen die Kinder barfuß. In einem Land, in dem der Schuh kaum weniger eine Sache des Standes ist als andernorts das Auto und in dem die Armen ihr einziges Paar Schuhe schonen und pflegen, als hätten sie viele Füße und eben nur ein Paar Schuhe, das sie daher bei Regen sofort ausziehen und in die Hand nehmen, genauso wie sie ihm auch den Gang über die Landstraße ersparen, erregten die barfüßigen europäischen Kinder ein nicht geringes Aufsehen. Das allein hätte gereicht, um den Skandinavier für verrückt zu halten. Seine eigenbrötlerische Zurückhaltung, sein Misstrauen gegen die Menschen, grenzten ihn schließlich völlig aus, und was man über ihn erfand, blieb unwidersprochen.

Zu Klemens allerdings hatte er Vertrauen gefasst. Ich glaube, wir waren sein einziger Kontakt. Wenn er kam, ließ er Frau und Kinder wie an einem unsichtbaren Seil auf der Straße stehen, und wir hatten jedes Mal Mühe, sie dazu zu bewegen reinzukommen. Eines Tages besuchten wir ihn in dem kleinen Häuschen vor der Stadt, das er damals gemietet hatte. Auf einem Pfad zwischen Agavensträuchern gelangte man zu ihnen. Elektrisches Licht gab es so weit draußen nicht. Die Kinder erzählten uns begeistert, dass große Schlangen unter dem Haus wohnten, was damals für uns noch eine überraschende Neuigkeit war. Bald darauf zogen wir auch in ein Haus mit einem großen Garten am Meer, und ich sehe noch das entsetzte Gesicht meines Mädchens, wie es hereinstürzte und rief: »Señora, ich habe eine schlechte Nachricht für Sie. Kommen Sie bitte sofort mit heraus.« Ich ließ alles stehen und liegen und lief ihr nach in den Garten. Da lag eine tote Schlange, dick wie ein Gartenschlauch, quer über dem Eingang. Josefa hätte um ein Haar gekündigt. Zumindest hätte sie gerne alle Bäume im Garten abgehackt.

Im Hause des Skandinaviers dagegen wurde jede Schlange und jede Eidechse als ausgezeichnete »Nachricht« begrüßt. Sie brauchten nur um sich zu greifen und hatten alle Hände voll zu tun mit dem Einwecken von allem, was da kroch und flog. Unser Bekannter war damals auf der Suche nach einem Maguti, einem zahnarmen Tier, das nur noch auf den Antillen vorkommen soll. Es war ihm auch wirklich gelungen, ein Exemplar zu fangen, und er hatte es in einer leeren Trockenmilchbüchse mit Alkohol konserviert. Wir waren kaum eingetreten, so bot er voller Stolz an, uns diesen Schatz zu zeigen, der in der Woche darauf an ein Museum verschickt werden sollte. Der ältere der beiden Jungen ging sofort die Büchse holen, die, wie alles Getier, das sie sonst noch eingemacht hatten, unter dem Bett im nächsten Zimmer stand. Als wir das Haus betraten, hatte es gleich merkwürdig gerochen. Als aber Michel nun mit der Milchbüchse näher kam, verdichtete sich der Geruch zu einem wirklich betäubenden Gestank. Auch unser Gastgeber schnaubte ein bisschen und rümpfte leicht die Nase, aber entweder war der Geruch eben typisch für das zahnarme Tier, oder er war an diesen Duft gewöhnt wie der Photograph an den Säuregeruch seiner Dunkelkammer. Mit beiläufiger Geste, als wäre wirklich nur Milchpulver in der Büchse, hob er den Deckel ab – und fuhr zurück: Der Alkohol war ausgelaufen. Das zahnarme Tier lag in der Büchse, aber ganz und gar nicht konserviert. Es war in jenem Zustand fortgeschrittener Verwesung, der es in den Tropen nötig macht, sobald jemand aufhört zu atmen, einen Block Eis unter den Toten zu legen, obwohl er meist noch am selben Tag bestattet wird. Mit einer Mischung aus Ekel und tiefer Enttäuschung starrte unser Gastgeber in die Milchbüchse. Dann nahm er einen Stab, um festzustellen, was von dem Tier noch zu retten war. Ich glaube, er hätte beinah mit einem Löffel darin herumrühren können. Wie er nur darüber geschlafen haben konnte! Wir warteten das Ergebnis der Untersuchung nicht weiter ab, sondern flüchteten so höflich und so rasch wie möglich ins Freie. Es war ein sehr seltenes Tier gewesen, und es war durchaus unsicher, ob er ein zweites Exemplar finden würde. Es sollte ihm tatsächlich in monatelanger Suche nicht gelingen, diesen Verlust zu ersetzen.

Bald darauf zog die Familie ins Innere der Insel. Ich selbst vermittelte ihnen ein Häuschen oben im Gebirge, wo ich schon öfter den Sommer verbracht hatte. Aber ehe sie abreisten, widerfuhr ihnen ein viel alltäglicheres Pech. Während ihrer Abwesenheit war eingebrochen worden, und man hatte ihnen die gesamten Wintersachen gestohlen, mit denen sie

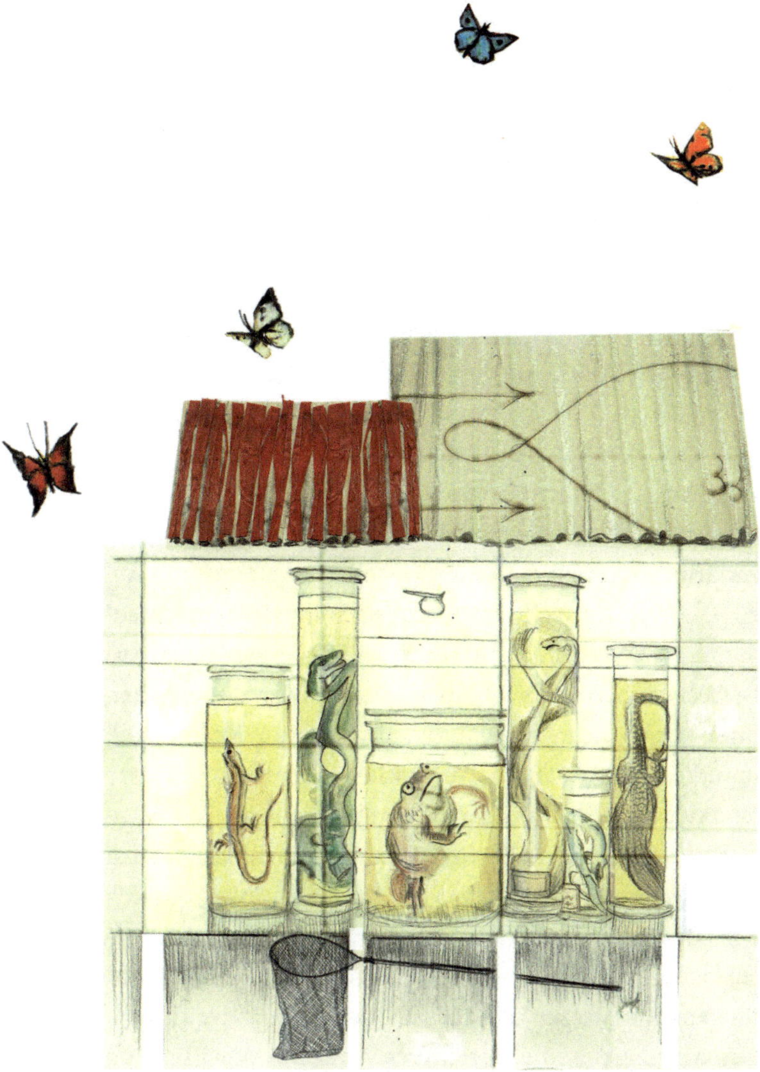

aus Europa angereist waren und die wohlverstaut in einem Koffer gelegen hatten. Empört ging der Naturforscher zur Polizei, die auch sofort versprach, ihr Mögliches zu tun, um diese hier ebenso unersetzbaren wie unnützen Gegenstände wieder herbeizuschaffen. Das war insofern vorstellbar, als in nicht allzu großer Entfernung von dem Häuschen, das die Familie bewohnte, nur den Hügel hinauf, eine heruntergekommene Hüttensiedlung lag, die den optimistischen Namen *Matahambre* trug, »Schlag den Hunger tot«. Dort hatten die sozial Schwächeren der Stadt ihren Unterschlupf.

Die Polizei ging also nach »Schlag den Hunger tot« und fand dort wirklich die gesuchten Kleidungsstücke. Schon zwei Tage nachdem der Skandinavier den Diebstahl angezeigt hatte, erschien ein strahlender Polizist in der Tür und erklärte: »Hier haben Sie Ihre gestohlenen Mäntel und Anzüge.« Und damit schüttete er stolz den Inhalt des Sacks auf die Terrasse, in dem er den rechtmäßigen Eigentümern das Diebesgut zurückgebracht hatte. Unsere Bekannten trauten ihren Augen nicht: In der Tat, da lagen ihre Wintermäntel, unverkennbar. Auch das englische Jackenkleid von Frau Johanna fehlte nicht. Aber da in den Tropen niemand so warme Sachen tragen kann, hatten die neuen Besitzer den Stoff zu etwas Brauchbarerem verarbeitet, zu etwas, das sich anziehen und auch verkaufen ließ. Vor ihnen auf den Dielen lagen, sorgfältig und nett gearbeitet, etwa drei Dutzend Kappen und Mützen, die für die Nachtfahrten der Lastwagenchauffeure in die Kordilleren recht zweckmäßig sein mochten. Die Wiedererstattung der zerschnittenen Kleider war beinah schlimmer gewesen als der Diebstahl selbst, und unser Bekannter war kein Mann, der bei dem Anblick gelacht hätte (wie wir es leider taten, als er uns voller Wut davon erzählte).

Das Leben auf dem Lande wurde für die Familie bedeutend schwieriger, als es in der Stadt gewesen war. Denn noch die kleinste Stadt lässt einen gewissen Raum für Sonderlinge. So regte sich bald das ganze Dorf über das Familienleben der vier auf. Und als wir das nächste Mal hinaufkamen, erzählte man uns, wie schrecklich der Alte seine beiden Kinder und auch seine Frau zu verprügeln pflege. Dazu habe er eigens einen Holzverschlag um die Terrasse herumgebaut. Der Holzverschlag, der tatsächlich um die der Landstraße zugekehrte Seite der Terrasse herum verlief, diente, wie der Naturforscher uns hingegen sagte, als Schule für seine Jungen. Eine Erklärung, die die Behauptungen der Dorfbevölkerung jedoch nicht ganz entkräftete. Es musste ohnehin vor allem der bestehenden Abneigung gegen die Fremden zuzuschreiben sein, dass man sich so sehr über die Brutalität dieses Vaters aufregte und noch jahrelang von ihr sprach. Denn die Landbevölkerung benutzt dort selbst höchst drastische Erziehungsmethoden. Man stellt die kleinen Missetäter nicht einfach in die Ecke. Nein, man zwingt sie mit dem Gesicht zur Wand auf einem der großen Reibeisen niederzuknien, mit dem die Yuca gerieben wird. Und damit die Knie auch richtig mit dem Reibeisen in Berührung kommen, legt man den Bestraften überdies noch einen schweren Stein auf den Kopf. So müssen sie viele Stunden lang knien.

Wie auch immer der Schulunterricht dieses strengen Vaters verlaufen sein mochte: Allein die Tatsache, dass man ihn ohnehin für einen Unmenschen hielt, machte den Verschlag auf der Terrasse verdächtig. Der schlimme Ruf der Familie aber hatte einen anderen Grund. Es versteht sich, dass sie kein Mädchen hielten, sondern dass Frau Johanna alles selbst machte. Aber vielleicht hätte ich schon früher erwähnen sollen, dass sie alle vier Vegetarier waren. Sie kauften also kein Fleisch. Das blieb im Dorf nicht unbemerkt. Auf dem Land in den Antillen gibt es keine Vegetarier. Man kann sich darunter ebenso wenig etwas vorstellen wie zum Beispiel unter Missionaren. Als eines Tages im selben Dorf zwei blasse amerikanische Mädchen erschienen, sich ein Haus mieteten und anfingen, sich um die Kranken zu kümmern und den Gottesdienst einer kleinen religiösen Sekte zu predigen, hielt man sie dort für verrückte Millionärinnen, die gekommen waren, um den Armen Geschenke zu bringen. Fromme Katholiken schickten ihre Kinder ohne Bedenken zu den Mädchen in den Gottesdienst, um ihnen eine Freude zu machen, aus Dankbarkeit für eine Medizin oder sonst eine Hilfeleistung oder auch, weil man auf Geschenke hoffte. Wäre nicht eine von ihnen vom Pferd gefallen und hätte sich dabei ein Bein gebrochen, was sie zur Abreise veranlasste, das Missverständnis hätte zur beiderseitigen Zufriedenheit jahrelang andauern können.

In einen ebenso eigenartigen und den Tatsachen widersprechenden Ruf war nun unser Bekannter geraten. Leider war es in diesem Fall ein sehr böser Ruf. Da die Familie kein Fleisch kaufte, es aber andererseits bekannt war, dass alle vier täglich auf die Suche nach Eidechsen, Schlangen und Fröschen gingen, und da zu allem Unglück der Skandinavier zu Beginn seines Aufenthalts den Kindern des Orts ein paar Cents für jedes derartige Tier versprochen hatte, das man ihm brachte – denn er hoffte, auf diese Weise eine bisher noch unbekannte Echsen- oder Schlangenart zu finden, vielleicht auch ein zweites Exemplar des zahnarmen Tiers –, brachten die Dorfbewohner diese beiden, sich so unappetitlich ergänzenden Angewohnheiten unserer Bekannten in einen für sie naheliegenden Zusammenhang. Und bald konnten die vier keinen Schritt mehr tun, ohne dass sich ihnen eine Schar von Kindern an die Fersen heftete und sie mit den höhnischen Rufen »*Comemacos, comeculebras*« (»Froschfresser, Schlangenfresser«) verfolgte – wobei nicht zu verschweigen ist, dass das gesamte Dorf, selbst der Schullehrer, der Richter und der Apotheker, diese Meinung der Kinder voll und ganz teilten, wenn sie auch nicht auf die Straße liefen, um den Fremden nachzurufen, sondern nur kopfschüttelnd in die Tür traten, so oft sie vorbeigingen. Und da das Häuschen, in dem sie wohnten, an der Landstraße lag, wurde es beinah zur Gewohnheit, dass die Maultiertreiber, die die Karawanen mit Zwiebeln und Kartoffeln bergab trieben, oder die Bauernjungen, die ein paar Hühner oder Kohlköpfe zum Verkauf ins Dorf brachten, beim Vorbeigehen »Schlangenfresser« oder »Froschfresser« schrien, wobei sie der Beschimpfung häufig noch mit Steinwürfen Nachdruck verliehen. Der Skandinavier vernagelte daraufhin das Gartentor, und das kleine Holzhaus bekam etwas von einer Festung. Die heikle Beziehung zu den Mitmenschen, die in der Stadt unbestimmt fühlbar gewesen war, wurde eben im Dorf bis aufs Äußerste ausgelebt.

Leider sollte es nicht bei Beschimpfungen bleiben. Eines Tages, als der Alte einen Ausflug durch das Hochtal machte, belästigte ihn ein kleiner Junge ganz besonders. Vielleicht hätte er sich nicht so in seine Nähe gewagt, wären die beiden blonden Söhne dabei gewesen, die nichts auf sich sitzen ließen, obwohl sie meistens gegen die Überzahl den Kürzeren zogen. So aber waren der Alte und sein kleiner Quälgeist allein auf der Landstraße. Vielleicht war es dieser kleine Junge, der die Geduld unseres Bekannten endgültig erschöpfte. Der große, hinkende Mann versuchte das Kind zu erwischen. Das Kind war schneller. Was für Drohungen der arme Skandinavier in seiner Wut hervorgestoßen haben mochte, ist schwer zu sagen. Jedenfalls flüchtete sich der Kleine zu Tode erschrocken in seine Hütte, in die der wütende Verfolger ihm nachstürzte, um ihn für seine Frechheit zu verprügeln, wie er sagte. Die Mutter aber behauptete, und ließ sich durch nichts davon abbringen, dass der Schlangenfresser bei ihr eingedrungen sei und Hand an ihr Kind gelegt habe, um es umzubringen. Dabei habe er das Kind angeschrien, er wolle es fressen. Jedenfalls riefen ihre Schreie die Nachbarn herbei, man holte die Polizei, und der wütende Naturforscher wurde mit Handschellen ins Gefängnis gebracht.

Zwar konnte man ihm nicht allen Ernstes den Versuch des Kindermords nachweisen, obwohl es niemanden im Dorf gab, der es ihm nicht zugetraut hätte. Aber der Tatbestand des Hausfriedensbruchs war unbestreitbar gegeben. So behielt man ihn zunächst im Dorfgefängnis, unschlüssig, was man mit der Sache anfangen sollte, und erlaubte ihm abends auf Ehrenwort nach Hause zu gehen: Morgens um sieben hatte er anzutreten und sich mit der Hacke beim Straßenbau nützlich zu machen. Mittags brachte ihm Frau Johanna das Essen, genau wie es die Angehörigen der anderen Häftlinge taten.

Zum Glück kamen wir damals auf der Durchreise durch jenes Hochtal und hörten im Hotel sofort, dass ein Fremder, der ein Kind habe umbringen wollen, vielleicht sogar ein Menschenfresser, im Gefängnis festgehalten wurde. Man erzählte uns das ungewöhnliche Ereignis umso bereitwilliger, als der Fremde in dem Hause wohnte, in dem wir seit Jahren die Ferien verbrachten. Ob wir diese Skandinavier kannten, die nur von Fröschen und Eidechsen lebten, fragten sie. Und war es wirklich möglich, dass sie auch Kinder fraßen? Wir stellten die Koffer ab und gingen zur Polizei. Da stand er, groß und unbeholfen, in einer Reihe mit den zerlumpten, ausgemergelten Taugenichtsen des Orts, die

gefasst worden waren, weil sie mit dem Bezahlen des Perso-
nalausweises im Rückstand waren oder weil sie sich in einer
Wirtschaft gerauft hatten. (Die wirklichen Verbrecher waren hier nicht anzutreffen, sie werden ins Militärgefängnis
der nächsten Stadt gebracht.) Er kam an den Stacheldraht,
um uns zu begrüßen, beklagte sich aber weit weniger als
bei dem Pech mit den zerschnittenen Mänteln oder dem
verwesten zahnarmen Tier.

Wir gingen sofort zum Bürgermeister und klärten ihn darüber auf, was ein Naturforscher ist und wozu er Eidechsen,
Frösche und Schlangen braucht und dass die Fauna dieses
Tals vermutlich dazu bestimmt war, in einem berühmten europäischen Museum ausgestellt zu werden. Obwohl er nur
zögerlich und mit skeptischem Kopfschütteln zur Kenntnis
nahm, dass der verhöhnte Fremde weder Schlangen noch
Kinder fraß, sondern ein bedeutender Gelehrter war, verstand er, dass es dem Ruf des Dorfs und auch des Landes
schaden würde, wenn man einen solchen Mann mit einer
Hacke in der Hand auf die Dorfstraße stellte, und er befahl,
den Skandinavier auf der Stelle freizulassen.

Wenige Wochen danach zogen unsere Bekannten in das
nächste, höher gelegene Tal, und ich übernahm mein altes
Sommerhäuschen wieder. Aber obwohl ich den Verschlag
an der Terrasse und am Gartenzaun gleich entfernte und
die Gartentür offen ließ, damit sich die Bauernfrauen mit
ihren Hühnern und ihrem Gemüse wieder hereintrauten,
musste ich in den ersten Tagen die Schimpfrufe »Frosch-

fresser« und »Schlangenfresser« über mich ergehen lassen. Eine Kanonade, die ich mit lautem Lachen beantwortete. Und es dauerte keine zehn Tage, bis sich in dem Tal herumgesprochen hatte, dass in dem Häuschen wieder harmlose Hühner- und Kalbesser wohnten.

Erdbeben

Vitalia und ich waren zum zweiten Mal in die *Cordillera Central*, die dominikanische Zentralkordillere gefahren. Es war nach dem Krieg, und man war nicht mehr auf Lastwagen oder Maultiere angewiesen. Täglich fuhr ein Jeep oder ein kleiner Autobus hinauf. Wir wohnten damals in einem schmalen Seitenarm des Hochtals, in dem Häuschen eines Waldhüters, der weiter hinauf in die Berge gezogen war. Er hatte mir sein Haus so überlassen, wie es gerade gewesen war: mit einem Garten voller Astern, Dahlien und Margariten und vor allem mit vielen Hortensien, deren große, hellblaue, so ganz untropische Köpfe vor jedes Haus gehören und noch den ärmsten Hütten im Innern der Insel etwas liebevoll Gepflegtes geben. In meinem Garten fehlte, was sonst noch oft den Stolz dieser kleinen Gärten ausmacht: die großen Aloestauden, deren Anblick für den, der zum ersten Mal dort über Land fährt, etwas merkwürdig Befremdendes hat. Auf den Spitzen der schwertartigen Blätter scheinen leuchtend weiße Blüten zu wachsen, ganz regelmäßig, Blatt um Blatt. Hätten sie nicht etwas so Leichtes und Durchsichtiges, man könnte sie für Früchte halten. Jedenfalls sitzen sie so präzise auf der Spitze des Blatts wie der Knopf auf dem Florett, nur eben viel größer. Was sind diese rätselhaften, eierförmigen Blüten, wenn man näher

tritt? Eben genau das, Eierschalen, reihum auf die Aloeblätter gesteckt wie auf einen Weihnachtsbaum. Das Erstaun-
liche ist nur die Unvermeidlichkeit dieser Dekoration. Die
Aloeblätter scheinen für das Auge der Einheimischen diesen
Abschluss so zwingend zu fordern, wie ein Akkord nicht
halb in der Luft hängen bleiben kann. Es gibt ganz einfach
keine Aloestauden in einem Garten ohne Eierschalen oben-
drauf.

Mein Garten, in dem – keineswegs zu meinem Bedauern –
dieser stachelige Eierständer fehlte, war im Übrigen ein besonders hübscher und bunter Garten, wie man ihn gut auch
in Bayern hätte haben können. Dicht am Zaun hatte er, wie
viele der Gärten auf dem Lande, ein kleines Golgata: drei
Kreuze, aus einfachen Holzstöcken zusammengebunden,
um die etwas Erde aufgeworfen war.

Die Prozessionen, die damals durch die Nacht zogen – von
Weitem sah man diese Züge mit den flammenden Kien-
holzscheiten wie leuchtende Schlangen die Berge herab-
kommen –, unterließen es nie, vor diesem Golgata in meinem Garten niederzuknien und zu beten. Manchmal waren
es sehr viele. Alle waren leidenschaftlich erregt, und in
der Dunkelheit klangen ihre Stimmen drohend vor Angst.
Dann pflegte Vitalia aufzustehen, in den Garten zu gehen
und mitzubeten. Wir hatten alle Angst. Es waren die Wochen nach dem großen Erdbeben. Immer noch verging kein
Tag, ohne dass die Erde zitterte. Und wenn Vitalia nachts
hinausging zu den Betenden, dann fühlte ich mich fremd

und verloren wie am Tag meiner Ankunft, obwohl ich doch schon viele Jahre auf der Insel lebte. Vermutlich, weil ich nicht auch ein Sackkleid aus ungefärbter Baumwolle anzog, mit einem Strick als Gürtel, und weil ich nicht auch einen brennenden Scheit in die Hand nahm, um mit den andern zu den Wallfahrtskirchen zu ziehen, wo die Heiligen es fast schuldig waren, die Gebete zu erhören und das Erdbeben zu beenden. So ganz abgesondert und allein war ich mit meiner Angst, dass die Menschen mir beinah genauso unheimlich und fremd wurden wie die unruhige Erde. Ich fühlte es, wie der Schrecken sie aufwühlte und ihre Gewohnheiten umwarf. Täglich konnte ein Riss entstehen, ein furchtbarer Abgrund, auch in ihnen. Sie hätten alles hineingeworfen, um die Heiligen zu zwingen, den Abgrund zu schließen. Alles. Und jeden, der zur Hand war.

Die sonst so einsamen Landstraßen waren voll von diesen Prozessionen. Die Insel glich einem aufgestörten Ameisenhügel. Dorf für Dorf verließen sie ihre Hütten, ohne auch nur ein Schloss vorzulegen. Niemand stahl, denn die Angst war zu groß. Meist gingen sie barfuß, die Frauen fast immer im farblosen Kleid der *Promesa*, des Sackgelübdes. Über ihnen spürte man die Anwesenheit der drei entsetzlichen Reiter, ganz wie im Mittelalter. Nur der kleinste Hauch eines Wanderpredigers in ihre bestehende Angst hinein, und die Wälder auf allen Bergen wären abgebrannt.

In jenen so wenig erholsamen Tagen, in denen riesige weiße Wolken unbeweglich am tiefblauen Himmel hingen als wäre das Flüchtige das einzig Beständige, erlebte ich es zweimal, wie der Glaube zum Kampf gegen die Wirklichkeit antrat und ein Wunder forderte. Sehr verschiedene Wunder im Übrigen.

Ich traf damals eine alte Frau, deren Gebet, unter den Tausenden von Betenden, in einzigartiger Form erhört worden war: Doña Isabel, die Mutter meines Hausherrn, eine rüstige Siebzigjährige, deren Augen von den Jahren und dem Gebirgswind tränten, sodass sie nur mit Hilfe eines Stocks ihren Weg durch die Hochtäler fand. Ihr Charakter hatte aber in all den Jahren nichts von seiner wahrhaft biblischen Festigkeit und Kraft eingebüßt. Sie war eine der wichtigsten Frauen des Dorfes und der ganzen Gegend. Ehe die Regierung einen jungen Arzt hinaufgeschickt hatte, waren die Kranken nur zu ihr gekommen. Und noch jetzt hatte sie alle Hände voll zu tun mit der Zubereitung ihrer Medizin, für die sie in gleicher Weise Kräuter wie gängige Arzneipräparate verwendete. Letztere kaufte sie beim Syrer im kleinen Kolonialwarenladen (eine Apotheke gab es nicht) oder ließ sie aus der nächsten Stadt holen. Die fertige Medizin, soweit es sich nicht um eine Salbe handelte, meist auf der Basis von Kakaobutter, war gewöhnlich eine löffel- oder glasweise einzunehmende Flüssigkeit, die sie in großen Bierflaschen entweder selbst über Land trug oder ihren Kranken schickte. (Die *botella*, die Flasche, ist dort im Volksmund ein so gängiges Heilmittel, dass man ganz einfach sagt: Mein Freund hat eine *botella* bekommen, wenn jemand seine ersehnte Dosis ergattert hat.) Wenn auch niemand wusste, was er aus Doña Isabels Bierflaschen löffelte – ganz wie der Patient in einem modernen amerikanischen Hospital die kleinen gelben oder rosa Pillen zu schlucken bekommt, ohne je einen Beipackzettel zu sehen –, so waren ihre *botellas* doch weithin für ihre Heilkraft berühmt. Wo immer ihre große, hagere Gestalt mit den entstellten, rot angelaufenen Augen unter dem dunkelblauen Kopftuch vor einer Hütte auftauchte, da wurde sie mit größten Ehren empfangen. (»Wie eine Königin«, pflegte sie selbst ohne Eitelkeit zu sagen.)

Doña Isabel pflückte und brühte ihre Kräuter mit viel Mühe, mit Blick auf die Jahreszeit und den Stand des Mondes oder der Sonne. Manche Säfte mussten auch in der Pflanze selbst durch merkwürdige Mischungen ins Gären gebracht werden, sodass sie oft erst nach Monaten aus einem Palmstamm abgezapft werden konnten. All diese geheimnisvollen Kenntnisse verwaltete sie mit der Zuverlässigkeit und Güte einer Stammesältesten. Es war ganz undenkbar, dass sich jemand an sie gewandt hätte, um einen Zaubertrank oder sonst eine »Arbeit« zu bestellen – wie die bösen Zaubergeschäfte in verschreckter Verallgemeinerung genannt werden. Schon daran sieht man, dass es ihr nicht um den Ertrag ging. Es genügte ihr, ordentlich und sauber gekleidet zu sein und ein Paar Schuhe für ihre Wege zu haben. Geld brauchte sie nur zum Einkauf der Medikamente. Denn ganz abgesehen davon, dass ihre Söhne sie verehrten wie eine Mutter des Alten Testaments, konnte sie hingehen, wohin sie wollte –

oft war sie tagelang unterwegs –, und überall brachte man ihr, was sie brauchte.

Ich hatte mich gleich mit Doña Isabel angefreundet, und es freute mich, dass sie sich bei mir wie zu Hause fühlte. Morgens, wenn sie auf ihrem Weg ins Dorf bei mir vorbeikam – sie war mit ihrem Sohn hinauf in den Wald gezogen–, setzte sie sich stets auf ihren angestammten Platz in der Küche, um dort einen Kaffee zu trinken. Irgendwie gehörte sie zum Haus wie die Hortensien und die Dahlien.

Eines Morgens also hatte es sich Doña Isabel gerade neben dem Feuer gemütlich gemacht, als der Erdbebenalarm einsetzte: jenes unheimliche Rattern, mit dem die Wellblechplatten des Dachs das leiseste Zittern der Erde ankündigen, als säße man in einem Zug mit losen Fenstern. In solcher Art Holzhaus wurde man ganz nervös von dem ständigen Geratter und Geklirre des Blechs. In den soliden Steinhäusern in der Stadt dagegen lebte man in dauerndem Zweifel, ob es nun wirklich bebte oder ob lediglich die Angst davor einem etwas vorgaukelte. Dafür kam man aber aus diesen leicht gebauten Holzhäusern mit ihrem natürlichen Warnsystem rechtzeitig ins Freie, während es zu meinen unangenehmsten Erinnerungen gehört, eine Treppe hinunterzuwollen, die sich plötzlich in eine lebendige Ziehharmonika verwandelt, und zu sehen, wie sich in der grünen Treppenwand dicht vor einem eine kalkweiße Wunde öffnet.

Kaum begann das Rattern, lief ich in den Garten, den Kamm noch in der Hand. Vitalia kam schreiend aus der Küche. Nur die alte Isabel blieb sitzen, als wäre nichts geschehen. Sie schien nicht einmal zu bemerken, wie die Tasse in ihrer Hand zitterte und der Kaffee überschwappte. Vitalia und ich riefen, sie solle herauskommen, aber sie blieb sitzen und machte ein störrisches, abweisendes Gesicht. Da ging ich zu ihr in die Küche, um sie zu überreden. Aber sie lehnte es entschieden ab aufzustehen. »Ich weiß schon«, sagte sie. »Für euch bebt es wieder einmal. Ich sehe es daran, wie ihr aus dem Haus rennt. Aber für mich ist das vorbei. Hier, wo ich sitze, ist es ruhig. Ich habe der Jungfrau eine große Kerze aus Bienenwachs gebracht. Sie hat meine Angst gesehen und mich für dieses Jahr vom Erdbeben befreit.« »Aber, Doña Isabel«, sagte ich, »sehen Sie doch nur, wie alles schwankt. Bitte, kommen Sie ins Freie.«

Es war in der Tat ein ziemlich heftiger Stoß gewesen, und die Maiskolben und Knoblauchketten schlugen noch wie Glockenklöppel unter dem Balken des Küchendachs hin und her.

Die Alte aber wiederholte nur: »Hier, wo ich sitze, wackelt es nicht!« Das Dach der Küche war übrigens von dem Klirren ausgenommen, denn es bestand nur aus einer Eselsladung von Palmblättern. (Wie alle Küchen auf dem Lande war sie in einer Art Schuppen hinter dem Hause untergebracht.)

Nachdem Doña Isabel unsere Unruhe eine Weile mit frommem und etwas mitleidigem Gesicht mitangesehen hatte, stellte sie ihr Auserwähltsein auf die schwerste Probe: Sie ging auf das Haus zu, wobei der weiße Sack, den auch sie damals trug, formlos um ihren knochigen Körper schlotterte, und legte die Hand wie eine Muschel ans Ohr. Das wäre kaum nötig gewesen, denn gerade gab es einen neuen Ruck, und man konnte deutlich hören, wie die Wellblechplatten aufeinanderschlugen. Aber Doña Isabel blickte zufrieden: Sie hörte nichts. Sie lebte ganz einfach nicht mehr auf derselben Erde wie wir.

Der begnadete Zustand, der sie wie eine Isolierglocke schützte, erlitt keinen Sprung und wirkte umso merkwürdiger, je größer die Panik war, die das jeweilige Beben auslöste. Wenn man sie so sah, ohne alle Überheblichkeit dankbar für diese ihr beschiedene besondere Gnade, als gäbe es nichts Natürlicheres, dann konnte man sich kaum vorstellen, dass irgendein Gebäude über diesem sicheren Glauben zusammenbrechen könne.

Etwa zehn Tage nachdem die alte Isabel so ausgezeichnet und vom Erdbeben verschont worden war, begannen die Stöße zum Glück auch für uns andere nachzulassen. Die Nachrichten, dass an irgendwelchen Orten grüne Rauchschwaden aus der Erde stiegen oder dass das Meer mal an dieser, mal an jener Küste übergekippt sei und alles überschwemmt habe, verschwanden allmählich aus den Zeitungen. Die Insel lag wieder friedlich über den Untiefen des karibischen Meers, und man begann zu vergessen, auf welch dünnem Fuß ein solcher Inselpilz auf dem Meeresgrund ruht.

Schließlich wurde es eine Sommerfrische wie alle andern. Morgens sattelte ich das Pferd und ritt ins Dorf, vorbei

an der riesigen Säulenkaktushecke und am einzigen Apfel-
baum des Hochtals, der jedem Fremden mit Stolz gezeigt
wird. Wenn ich zum Fleischer kam, standen meist schon
viele Frauen mit Tellern vor der kleinen grauen Bretterbu-
de. Mir, wie allen die weitere Wege haben, zog man einen
starken, zu einem Ring verknoteten Grashalm durch das
Fleisch. So reitet oder geht man nach Hause, das Kotelett
am Zeigefinger baumelnd. (Wer sehr weit weg wohnt, salzt
das Fleisch ein und hängt es auf die Wäscheleine oder den
nächsten Stacheldraht. Gedörrt soll es lange halten, trotz
des zahlreichen Fliegenbesuchs. Ich habe es nicht probiert.)
Später am Tag ritt ich hinunter an den Fluss, wo unter den
großen Pomarrosabäumen, deren apfelähnliche Früchte so
süß pervers nach Rosenseife schmecken, die Wäscherinnen
mit kurzen Tonpfeifchen im Mund rauchend und tabak-
spuckend die Laken auf den Felsen sauber scheuern. Oder ich
badete unter einem kleinen Wasserfall am Zuckerfeld hinter
der Kaktushecke und ließ mir dabei von der reichen alten
Wirtin des Dorfs ihre neuesten Liebesgeschichten erzählen.
Abends, wenn es kühl wurde, machte ich mit Vitalia einen
Spaziergang das Tal hinauf. Nach den erlebten Aufregungen
genoss man die helle Gleichförmigkeit der Sommertage, an
denen kaum etwas Nennenswertes geschah. Wir begegne-
ten in der Dämmerung höchstens einem großen schwarzen
Hund, in dem Vitalia ohne Weiteres den Geist eines kürzlich
Verstorbenen erkannte, und vor dem sie mit großer Eile ins
Haus flüchtete.

So kam der September und mit ihm der *Día de las Mercedes*, der wichtigste Festtag im Dorf, zu dem der Pfarrer aus dem nächsten Tal heraufkommt und alle Hochzeiten und Taufen fürs ganze Jahr vornimmt. Die Mädchen, die Pferde und die Fahrräder – die neuerdings den Pferden stark Konkurrenz machen – werden alle aufs Beste herausgeputzt und zur Schau gestellt. Es heiraten Alt und Jung. Oft kommt das Hochzeitspaar mit einer beträchtlichen Schar von Kindern zur Kirche, wenn endlich das Geld für die feierliche Förmlichkeit angespart ist. Oder es werden Erwachsene getauft, die es aus irgendeinem Grunde bisher versäumt hatten. Die kleine weiße Holzkirche wurde damals noch mit Kerzen erleuchtet. (Inzwischen hat man eine größere gebaut, und das Dorf hat ein veraltetes, anderswo abmontiertes Elektrizitätswerk bekommen, das wie ein Jagdhund durch die Nacht keucht.) Ich erinnere mich noch deutlich an den verblüffend lebhaften Abschluss der ersten Abendmesse, der ich beiwohnte, und bei dem der Pfarrer am Schluss des Gottesdienstes beim flackernden Licht der letzten Kerzenstümpfe hervorstieß: »Im Namen des Vaters, des Sohnes und des Heiligen Geistes, raus aus der Kirche, denn es wird dunkel!« Damit stürzten die Schar der Gläubigen, der Pfarrer selbst und die das Harmonium bedienende Schwester aus der Kirche, als wäre der Teufel ihnen auf den Fersen.

(Nur ein einziger Abschluss einer feierlichen Handlung von ähnlicher Unmittelbarkeit ist mir im Gedächtnis geblieben: eine Heirat in Italien, bei der der Standesbeamte, die

Trikolore um den Leib gewickelt, die Trauung mit folgenden Worten abschloss: »Hiermit erkläre ich Sie zu Mann und Frau. Und die Kinder werden geimpft.« Eine Aufforderung, die nicht weniger überraschend wirkte, wenn sie auch nicht ganz so atemlos befolgt wurde.)

Aber dieser merkwürdige Sommer, der nach einem so eindrucksvollen Anfang so ruhig mit dem Fest zu verlaufen schien, sollte noch einmal zu einem unerwarteten Höhepunkt ansteigen, sodass diese Ferien in meiner Erinnerung wie eine Art Hängematte zwischen Beginn und Ende aufgespannt sind. Das zweite Ereignis war mit dem ersten dadurch verknüpft, dass wieder der Glaube, und zwar in noch viel heftigerer Form als bei der alten Isabel, zum Kampf mit der Wirklichkeit antrat. Sie hatte schließlich nur etwas bewilligt bekommen, worum alle gebeten hatten. Wäre es allen gewährt worden, so wäre die Erfüllung kaum als etwas Besonderes erschienen. Man hätte sie bald vergessen, wie man sich immer eilt, die Angst zu begraben, und vielleicht hätte man die Gnade nicht einmal mit den Gebeten in Zusammenhang gebracht. Aber dass die alte Isabel erhört wurde und alle andern nicht, das machte es beinahe zu einem Wunder.

In diesem Falle aber ging es um etwas ganz und gar Unmögliches, etwas, das überhaupt nicht Gegenstand des Gebets oder der Bewilligung sein kann. Etwas schlechthin Fantastisches, das gerade deshalb umso leidenschaftlicher in die Wirklichkeit einbrach: Es war der eigensinnige Wunsch eines Köhlerkinds nach einem goldenen Bein.

Alles ereignete sich in den Tagen vor meiner Abreise. Die Dahlien waren schon fast verblüht, und dafür hatten sich die kleinen Chrysanthemen geöffnet. Die Sonne stach nicht mehr so stark, und man konnte bis in die Mittagsstunden im Garten sitzen. Ich saß gerade vor dem Haus und las, als sich ein eigentümlicher Zug von Menschen den Kaktusweg entlang in Richtung Dorf bewegte. Den Anfang machte ein Polizist. Ihm folgten zwei Männer, die eine einfache Bahre trugen: ein über eine Stange geknüpftes Betttuch, in dem man die Kranken und Verletzten aus den abgelegenen Tälern zu den Ortschaften bringt, die Ambulanzwagen besitzen, die sie in die nächste Stadt fahren können. Oft, wenn man die Träger mit einer solchen Last in der glühenden Sonne über Land gehen sieht, wundert man sich, wie der arme Kranke in diesem Sack überhaupt atmen kann. Die Kolonne aber, die an diesem Mittag bei mir vorbeizog, hatte etwas Ungewöhnliches, das sich schwer fassen lässt. Es war nicht die große Zahl an Leuten, die mitliefen. Auch nicht die Polizei. Aber das Ganze hatte etwas so Aufgeregtes, so Flackerndes und ansteckend Unordentliches, wie es die Erdbebenprozessionen gehabt hatten. Es war, als ginge ein tiefer Schrecken, ja eine allgemeine Bedrohung, von der Bahre aus.

Gerade wollte ich Vitalia rufen, da kam sie schon hinter dem Haus hervor. Natürlich hatte sie Bekannte unter den Menschen im Zug. Der eine der Träger war ein Halbbruder von ihr. Ein stämmiger, sonnenverbrannter Bursche mit blauen Augen und blondem Haarschopf, ganz wie ein Senner bei uns in den Bergen – jedenfalls ein lebender Beweis dafür, dass Vitalias Vater kein einseitiger Geschmack in der Auswahl seiner Frauen vorzuwerfen war. Auch charakterlich hätten sie nicht unterschiedlicher sein können: Er war ein Holzfäller von einer geradezu deutschen Arbeitswut und Tüchtigkeit, der nach einem Arbeitstag im Wald nachts noch sein kleines Feld bestellte. Sie dagegen war die geborene Kartenlegerin.

Als wir ans Gartentor traten, machte der Zug gerade eine kurze Pause. Wir bekamen einen freien Blick auf die Bahre und konnten das Betttuch sehen, das von Blut durchnässt war und von dem es auf den Weg tropfte, als brächte man ein Tier vom Schlachthaus.

Was Philomeno erzählte, klang sehr abenteuerlich. Er hatte sich an diesem Morgen früh auf den Weg gemacht, um im nächsten Tal ein Pferd zu kaufen. Hoch in den Bergen, nicht weit von einer Köhlerhütte, hörte er auf einmal ein entsetzliches Stöhnen. Er bahnte sich mit dem Messer einen Weg durch Gestrüpp und Farne und fand auf einer Lichtung ein kleines schwarzes Mädchen, das sich vor Schmerzen auf dem Boden wälzte. Neben ihr, mit einer frischen roten Schnittfläche, lag ihr Bein: Es war unter dem Knie abgeschlagen. Das Kind schien seinen Schmerz zu vergessen, so sehr erschrak es über Philomenos Erscheinen. Es wehrte sich wild dagegen, sich mit seinem Hemd verbinden zu lassen, und schrie und weinte, er solle weggehen und es in

Ruhe lassen. In der Köhlerhütte, einer der armseligsten und abgelegensten der Gegend, fand er die Mutter des Mädchens am Feuer stehen und in einem Topf mit Bohnen rühren, als gäbe es nichts anderes für sie. Außerdem war noch ein älterer Bruder da, ein Junge von etwa sechzehn Jahren, sowie die übliche Anzahl kleinerer Kinder, die am Boden spielten. Die Frau und der Junge hatten Philomeno nur schweigend und feindselig angestarrt, ohne sich zu rühren. Sie schienen keineswegs bereit, sich um das verstümmelte Kind zu kümmern. Da war er umgekehrt und ins Dorf geritten.

Die Polizei war sofort aufgebrochen, um das Mädchen zu holen und dem Verbrechen nachzugehen. Als die Männer auf der Lichtung eintrafen, waren viele Stunden vergangen. Das Kind lag an derselben Stelle, schon ganz schwach vom Blutverlust. Aber als man es aufhob, schlug es um sich und bat wimmernd, man möge es liegen lassen, denn gleich komme ein Gott und bringe ihm ein goldenes Bein, statt des abgehackten. »Ihr seid schuld, wenn der Gott mich nicht findet und ich das Bein nicht bekomme«, klagte es verzweifelt, während man es in das Tuch wickelte. Es erwies sich, dass ihr Bruder, der Junge in der Hütte, ihr das Bein auf ihren Wunsch und mit der Zustimmung der ganzen Familie bei Tagesanbruch abgehauen hatte. Er gab es ohne Zögern zu. Wie hätte er auch ihre Bitte abschlagen sollen, nachdem der große Gott Bacoa ihnen am Vorabend auf seinem Ziegenbock erschienen war und der kleinen Dolores ausdrücklich ein leuchtendes Bein aus Gold versprochen hatte. Am

Ende dieser Erzählung griff Philomeno in das Tuch, um uns das abgeschlagene Bein zu zeigen. Das Kind war auf dem Transport ohnmächtig geworden.

Als ich gegen Abend ins Dorf ging, lag das arme Geschöpf in seinen blutigen Lumpen in der Polizeistation auf einer Matte am Boden. Man war nicht sicher, ob es den Blutverlust überstehen würde. Aber sobald es zu sich kam, jammerte es weiter über das goldene Bein, das nun für immer verloren war, weil die Dazwischenkunft der Menschen den Gott verscheucht hatte, der es gewiss gebracht hätte.

Obwohl die Meinung im Dorf hinsichtlich des goldenen Beins geteilt war und ich mich entsinne, dass ich Vitalia erklären musste, dass ein goldenes Bein ein schlechteres Ding sei als ein Holzbein, war die Empörung gegen die abergläubige Köhlerfamilie allgemein. Und im selben Polizeiwagen, der das Kind in das Krankenhaus der nächsten Stadt gebracht hatte, wurde die ganze Familie, an Händen und Füssen gefesselt, in die Nervenklinik befördert. Das war insofern ein hartes Schicksal, als der Gott Bacoa, der sie mit seinem Versprechen in diese Lage gebracht hatte, zwar mit besonderer Vorliebe die ärmsten und ganz von der Zivilisation abgeschnittenen Bewohner der entlegenen Täler und Berge besuchte, aber doch auch sonst auf der Insel noch mancherlei heimliche Ehren genoss, seit er mit einer großen, weitverzweigten Clique von Zaubergöttern die afrikanische Bevölkerung herüber nach Amerika begleitet hatte. Kann doch jeder Tourist in Haiti für ein kleines oder größeres Trinkgeld einem – angeblich authentischen – Zaubergottesdienst beiwohnen, bei dem für die Götter lebendige Hähne und sogar ganze Ziegenböcke zerrissen werden, wobei er aber höchstens in das Vorzimmer der heiligen Handlung kommen darf. Denn zu dieser selbst findet der Außenstehende keinen Zutritt, auch nicht wenn er in glücklicher Ehe mit einer Haitianerin lebt. Es war daher nicht ersichtlich, was ein modernes Schockverfahren in der Nervenklinik, ein Insulin- oder Elektroschock oder auch das zeitlose und billige Stockverfahren bei dieser armen Köhlerfamilie ausrichten sollte.

Was das Kind betraf, so überstand es den Verlust beider Beine, des eigenen und des ersehnten goldenen. Als ich nach mehreren Jahren wieder in das Dorf zurückkam, sah ich bei einer Nachbarin ein halbwüchsiges einbeiniges Mädchen wie einen Vogel in der Küche hin und her hüpfen. Es war Dolores, die sich ihren Unterhalt als Küchenmädchen verdiente. Ob sie die Enttäuschung über das Goldbein überwunden hat oder Philomeno noch immer verübelte, dass er sie um den Lohn ihrer Schmerzen gebracht hat, habe ich nie erfahren.

Frühmorgens, wenn der Puter kommt

Ich sah ihn das erste Mal, nachdem ich von einer Reise auf den Kontinent zurückgekommen war. Bei Sonnenaufgang hörten wir plötzlich einen anhaltenden, rhythmischen Lärm. Wir liefen beide auf die Terrasse hinaus, und da war er: ein riesiger weißer Puter mit herrlich rotem Kropf, der seinen Morgengesang absolvierte. Es wäre übertrieben, zu sagen, dass uns sein Anblick gefreut hätte.

Offenbar hatte dieser neue Nachbar feste Angewohnheiten. Am nächsten Morgen zur gleichen Zeit gab er uns ein einstündiges Konzert. Wir unsererseits griffen auf ein ehrwürdiges Rezept zurück, das die Menschen immer wieder ausprobieren, im öffentlichen Leben und privat, leider meist ohne Erfolg. »Lass uns ihn ignorieren«, sagten wir. »Für uns existiert er nicht.« Dieses Rezept, das von einem Vogel stammt, der seinen Kopf in den Boden steckt, hätte eigentlich helfen sollen gegen einen, der seinen Schnabel so vernehmlich in die Luft reckte. Wir schliefen also wieder ein und verschliefen den halben Morgen.

Die Wohnung befand sich in jenem unordentlichen, traumartigen Zwitterzustand, wenn die Koffer noch nicht ganz ausgepackt sind und die Fremde wie ein viel zu großes Mitbringsel auf dem Tisch liegt. Aber die alte Wirklichkeit ließ nicht lange auf sich warten und präsentierte sich in der

Person unseres Nachbarn, der die letzten Neuigkeiten aus der Welt hören wollte. Don Abelardo ist eine sehr würdige Erscheinung, untersetzt und rundlich und von jener besonderen und selbstzufriedenen Körperfülle, die Vertrauen in Charakter und Bankkonto des Eigentümers erweckt. Als unser Mädchen kurz nach unserem Einzug seinen ersten Besuch angekündigt hatte, hatte sie das folgendermaßen getan: »Señor, es ist ein Herr da, ich glaube, es ist ein sehr wichtiger Besuch.«

Don Abelardo, der glückliche Besitzer einer so beeindruckenden Körperlichkeit und all der materiellen Güter, die sie vermuten ließ, muss hier so ausführlich vorgestellt werden, weil er gleichzeitig der Besitzer des weißen Puters ist und somit die sichtbare Gottheit hinter dem Schicksal. Don Abelardo ist kein Mann von Welt. Er reist nicht gern, und er lässt die Dinge am liebsten beim Alten. Er führt ein gesichertes und monotones Dasein, ohne sich je zu langweilen oder über die Politik aufzuregen. Wenn andere sich ängstigen, bleibt er ruhig. In der äußerst sensiblen Population einer kleinen südamerikanischen Hauptstadt, in der das Nervensystem beim kleinsten Anlass wie ein Seismograf ins Zittern gerät, ist er eine Ausnahme: Seine finanzielle Unabhängigkeit und sein Mangel an Ehrgeiz machen ihn unverwundbar.

Das hindert ihn natürlich nicht daran, sich über alle Skandale und Intrigen auf dem Laufenden zu halten und von der sicheren Estrade seiner schattigen und bequemen Terrasse den philosophischen Zuschauer zu geben, wenn die andern schubsen und geschubst werden. (Die alte Doña Teté sitzt ihm dabei geduldig und ausdruckslos auf dem nächsten Schaukelstuhl gegenüber und vertreibt ihm von Zeit zu Zeit mit einem langen, eigens dazu bestimmten Bambusstock die Fliegen.)

Ich hatte Don Abelardo Nylonstrümpfe für seine Tochter mitgebracht und machte mir daher Hoffnung, sein etwas langsam schlagendes Herz zu rühren. Als also der Puter uns am nächsten Morgen wieder weckte, beschloss ich, an seine nachbarliche Freundschaft zu appellieren. Ich zog mich sehr förmlich an, setzte sogar den neuen Hut auf, um ihm wenigstens die Genugtuung zu verschaffen, eine Dame von einem Ungetüm zu befreien. So ging ich hinüber, auf einen langen Besuch gefasst. In Lateinamerika darf man nicht mit der Tür ins Haus fallen. Man muss das Klima langsam anwärmen, und wenn es so weit ist, muss man eine günstige Wendung der Unterhaltung nutzen um das, was einem am Herzen liegt, wie etwas gänzlich Nebensächliches aufs Tapet zu bringen.

Nachdem ich also eine gute Stunde mit ihm und seiner Familie auf der Terrasse geschaukelt und mich über New Yorker Preise und Modefragen hatte ausfragen lassen, erwähnte ich schließlich die unliebsame Neuerung, die ich bei meiner Rückkehr angetroffen hatte, und bekam auch sofort das Versprechen, man werde den Störenfried abends einschließen.

Umso verärgerter war ich, als uns am Tag darauf wieder das übliche Morgenständchen gebracht wurde. Das Vogel-Strauß-Rezept nutzte nichts gegen den Puter. Ich ging auf die Terrasse. Da stand er, ein weißer Truthahn mit großem roten Kropf, genau an der gleichen Stelle, direkt vor unserem Schlafzimmer. War der Garten unseres Nachbarn nicht etwa einen halben Kilometer lang? War das der einzige Platz, an dem er morgens die Sonne ankollern konnte? Der Puter bewegte sich gravitätisch in einem kleinen Viereck, als wäre ihm verboten, dessen Grenzen zu überschreiten. Wenn die Sieben-Uhr-Sirene ertönte – wie sie es jeden Morgen tut, als eine Art öffentlicher Wecker, eine dankenswerte Einrichtung in einem Lande, wo die Mehrheit der Bevölkerung keine Uhr besitzt –, schien der Zauber gebrochen zu sein. Der große Vogel trat aus dem Viereck heraus und verschwand mit seinem steifen Gang hinter dem Haus des Nachbarn, wo der größere Teil des Grundstücks lag.

Auf Puter und Nachbarn in gleicher Weise erbost ging ich wieder zu Bett. In jeder Großstadt hatte man mehr Ruhe als in diesem Haus mit seinem riesigen Garten. Aber noch überwog die Vernunft bei Weitem alle kriegerischen Gefühle. Ich sagte daher zu meinem Mann, dass die Nachbarn ihr Versprechen mit dem Truthahn offensichtlich vergessen hätten und dass ich sie daran erinnern wolle.

Klemens war weniger optimistisch und antwortete nur: »Denk nicht an ihn. Und steh nicht auf, morgen früh. Wie soll ich über ihn hinwegschlafen, wenn du aufstehst?« Ich aber war entschlossen, ihn loszuwerden, und ging wieder zu den Nachbarn. Die gute Doña Teté saß wie gewöhnlich in ihrem Schaukelstuhl auf der Terrasse und fächelte sich Kühlung zu. Kaum erwähnte ich den Truthahn, so entschuldigte sie sich, dass man vergessen habe, ihn einzuschließen. Sie versicherte mir, dass sie selbst schon mit Bedauern daran gedacht habe, dass er uns wohl wieder geweckt habe. Das war mehr, als ich erwartet hatte, und wir trennten uns mit überströmender Herzlichkeit. Selbst Klemens gab zu, dass mein Vertrauen in die Menschen im Allgemeinen und in die Nachbarn im Besonderen etwas für sich habe.

Am Abend legte ich mich mit besonderem Behagen zu Bett. Ich war sicher, dass ich eine gute Nacht vor mir hatte, und mit freundlichen Gefühlen für die Nachbarn schlief ich ein. Am nächsten Morgen brach eine hartnäckige Stimme in meinen Schlaf ein und ließ nicht nach, bis ich aufwachte. Zuerst verstand ich gar nicht, was los war. Doch dann erkannte ich die Stimme unseres allmorgendlichen Besuchs. Mein Herz schlug schneller. Nein, ich stand nicht auf, denn ich wollte Klemens nicht davon abhalten, ihn nicht zur Kenntnis zu nehmen. Aber auch so sah ich den Puter in seinem magischen Quadrat auf und ab stolzieren, bis das Heulen der Sirene ihn freigab. Es war kein Zweifel, unsere Nachbarn machten sich über uns lustig. Nur was konnten wir dagegen tun. Es gibt kein Gesetz, das den Schläfer gegen den Puter seines Nachbarn schützt. Überdies war Don Abelardo die Unabhängigkeit in Person. Wenn er hundert

Puter unter unser Fenster schicken wollte, konnte es ihm niemand verbieten.

Ich sah keine Möglichkeit, mit ihm über die Prinzipien der guten Nachbarschaft zu diskutieren, nachdem auf freundschaftlichem Wege so wenig erreicht worden war. Er ist im Grunde seines Herzens ein Isolationist und glaubt an uneingeschränkte Autonomie. Ebenso aussichtslos schien es, ihn durch Druckmittel zur Anerkennung der menschlichen Solidarität zu bewegen. Hätten wir selbst ein Dutzend Truthähne oder Perlhühner – die ja fast noch schlimmer sind – hinten im Garten vor seinem Schlafzimmer angebunden, es hätte nichts geändert. Da wohnte er, in unserer unmittelbaren Nähe, ein Mensch, der mit dem Ende des Tages zu Bett ging und mit dem Anfang des Tages aufstand, ein Mensch ohne alle Nerven, und war so unangreifbar, als hätte der Atlantische Ozean zwischen uns gelegen.

Beim Frühstück besprachen wir die Lage. Ich sah, dass Klemens keineswegs so sehr imstande war, den Truthahn zu überhören, wie er behauptete. Der diplomatische Horizont war trüb. Zum ersten Mal erwähnte Klemens die Möglichkeit, den Vogel umzubringen. »Falls du dich nicht genug zusammennehmen kannst, um ihn zu überhören.« Ich meinerseits spielte mit dem Gedanken an einen letzten diplomatischen Schritt, diesmal in Form einer Note.

Die Ausweglosigkeit trieb die Unterhaltung auf das allgemeine Geleise der menschlichen Natur und ihrer Reaktion auf Geräusche. Die abstrusesten Beispiele fielen uns ein.

Hatten nicht die Bewohner von Kairo, die man aufs Land evakuiert hatte, das nächtliche Gebell der Hunde schwerer ertragen als den Fliegeralarm, sodass sie beim ersten Vollmond in die Stadt zurückgekehrt waren? Überhaupt die Häuser an den Flugplätzen. Hatte nicht irgendwo selbst ein Zebra einen Nervenzusammenbruch bekommen, weil es die Nähe des Flugplatzes nicht mehr ertragen konnte? Wo hatten wir es noch gelesen?

»Wusstest du, dass Claude Debussy immer an einem Eisenbahntunnel lebte? Das Rattern der Züge, das im Tunnel widerhallte, inspirierte ihn.«

»Ja, seine Frau protestierte, aber er konnte eben nicht darauf verzichten.«

»Und sie? Hat sie sich je daran gewöhnt?«

»Sie brachte es nicht fertig. Sie wurde krank und starb.«

Aber alle diese Umwege führten immer wieder auf den weißen Truthahn zurück. Wir beschlossen, unsere Köchin in geheimer Mission hinaus an den Gartenzaun zu schicken, um Erkundigungen über die voraussichtliche Lebensdauer unseres Feindes anzustellen. Das Resultat ihrer Mission war alles andere als ermutigend. Soweit die Köchin des Nachbarn wusste, war der Truthahn für das Osteressen bestimmt. Und bis Ostern waren es noch volle drei Monate.

»Versuche, es philosophisch zu nehmen. Schließlich ist nicht der Truthahn das Problem, sondern unsere Wahrnehmung des Truthahns. Nimm ihn nicht wahr, und es gibt keinen Truthahn.«

Trotzdem entschloss ich mich zu einem letzten schriftlichen Appell, in dem ich den Truthahn zum Probierstein für Don Abelardos freundschaftliche Gefühle für uns machte. Danach ließ sich leider kaum mehr übersehen, dass ihm an unserer Freundschaft wenig gelegen schien. Am Anfang hatte er vermutlich die besten Absichten gehabt. Aber nachdem nun einmal die Gelegenheit verpasst worden war, gewiss mehr aus Nachlässigkeit als aus bösem Willen, uns den Gefallen zu tun, als es noch nett und einfach für ihn war, sah er sich jetzt in die Lage desjenigen Mannes versetzt, den man zwingen wollte, auf etwas zu verzichten, was sein gutes Recht war. Kurz, der Truthahn war für ihn zum lebenden Beweis seiner Souveränität geworden. Dem Truthahn die Freiheit zu beschneiden, hieß, sein eigenes Prestige zu beschneiden.

Frühmorgens, während vorne auf der Wiese der Truthahn kollerte, sah unsere Köchin Don Abelardo auf seiner Terrasse auf und ab gehen. Sie hörte ihn, ein Badetuch um den rundlichen Leib gewickelt, vor sich hin murmeln, dass es sein gutes Recht sei, den Truthahn zu halten, wie und wo er Lust habe. Und dass ein Truthahn die Freiheit brauche, um zufrieden zu sein und Fett anzusetzen.

Dem Truthahn konnte dieser nachbarliche Zwist nur zustattenkommen. Vermutlich würde er so alt werden wie ein Papagei. Ich hatte unterdessen die blutdürstigsten Träume. Ich trieb den Puter in eine Ecke des Gartenzauns. Da stand er nun, weiß und gewaltig, und wartete auf mich. Und ich wunderte mich, wie ich – oder auch nur je ein Koch – ihm zu Leibe rücken könnte, um ihn beim Kopf zu packen und ihm den dicken roten Hals umzudrehen. Er schien zu wachsen, je näher ich kam. Ich rief nach einem Buschmesser, aber der Puter sah so bedrohlich aus, dass ich es nicht wagte, ihn anzugreifen. Schon war er größer als ich, und sein Kropf schwoll zu einem blutigen Sonnenball an. Es sah aus, als wollte er gleich auf mich losgehen. Ich schrie. Klemens kam ins Zimmer gestürzt, mit der Zeitung in der Hand.

»Ich habe die Truthahnfrage gelöst«, sagte er.

»Wir erschießen ihn«, sagte ich.

Das war in der Tat die Lösung, und sie war so reif, dass sich schwerlich sagen ließ, wer zuerst darauf gekommen war. Der einzige Unterschied war der, dass Klemens eine nicht ganz ordnungsgemäße Jagd vorschwebte (»Schießen, meinst du?«, sagte er darum sofort), während ich – Frauen sind rachsüchtiger – es eher als eine Art Hinrichtung betrachtete.

Auf jeden Fall fehlte uns zunächst einmal das Gewehr, und zum Gewehr wiederum ein Waffenschein. Der Waffenschein aber war schwer zu bekommen und außerordentlich teuer.

Konnte er nicht billiger aus dem Wege geräumt werden? Klemens war in seiner Kindheit ein wahrer David mit der Schleuder gewesen. Aber der Truthahn war zu weit weg, und die vielen Bäume machten das Zielen mit der Schleuder unmöglich.

»Gift?«

Doch sein hässlicher Leichnam, der Leichnam eines sonst sehr essbaren Truthahns, würde uns die aktive Feindschaft von Don Abelardo eintragen. Er würde vermutlich im Gegenzug unsere Katze vergiften. Wir konnten dann an seinen Hühnern Rache nehmen. Die Einführung von solchen Borgia-Methoden in unsere engen nachbarlichen Beziehungen konnte jedoch nur die fürchterlichsten Folgen nach sich ziehen.

Wir kamen auf das Gewehr zurück. Es war auf jeden Fall eine männliche Art, die Angelegenheit aus der Welt zu schaffen. Und ein Akt so finsterer Entschlossenheit würde beim Nachbarn vielleicht sogar Bewunderung erregen. Die Tat musste aber wie ein Wutausbruch, nicht wie ein geplanter Angriff auf das nachbarliche Eigentum erscheinen, denn sonst hätten wir statt Don Abelardos Bewunderung leicht einen Prozess geerntet.

Wir verfielen auf ein neues Mittel: Was, wenn wir die Hilfe von Menelaos in Anspruch nähmen?

Menelaos ist der tüchtigste Hexer der Stadt. Offiziell glaubt natürlich niemand daran, aber im Geheimen fürchtet man seine Künste. Obwohl er ganz unauffällig aussieht, mit seinen sanften dunklen Augen in dem mageren Gesicht, und obwohl seine Hütte in einer der ärmsten Straßen der Stadt kaum geeignet dazu scheint, eine so wichtige Persönlichkeit zu behausen, steht er im Ruf, die Zukunft nicht nur vorherzusehen, sondern auch in gewisser Weise den Lauf der Ereignisse beeinflussen zu können. (Jedoch nur, was die

Geschicke anderer angeht. Dass ihm diese Gabe nicht im eigenen Interesse zur Verfügung steht, liegt auf der Hand.)

Als das Mädchen das Essen auftrug, fragten wir sie geradeheraus, ob sie an Hexerei glaube. Die Augen fielen ihr fast aus dem Kopf, ihre dunkle Haut wurde blass, und sie nahm sichtlich allen Mut zusammen, um zu antworten. Wie konnten wir etwas Derartiges von ihr denken! Es war verboten, an so etwas zu glauben, und sie hatte es nie getan. Diese Versicherung bekräftigte sie mit einem hysterischen Lachen. Aber als wir andeuteten, dass Menelaos vielleicht in der Lage wäre, Don Abelardos Verhalten in der Truthahnfrage zu erweichen, gab sie sofort zu, dass das eine Möglichkeit sei. Nachdem wir mit der Idee gespielt hatten, die sichtbaren Spuren eines Hexerbesuchs auf der nachbarlichen Schwelle anzubringen, zum Beispiel ein paar kreuzweise gelegte Nadeln oder schwarze Federn, beeilten wir uns allerdings den Plan wieder aufzugeben. Zwar verlangte Don Abelardos' Prestige als gebildeter Mann, dass er derartige Zeichen einer gegen ihn gerichteten Zauberkunst einfach übersah. Mit Sicherheit würde er sich dennoch, rein aus Vorsicht, bei einem Hexer seines Vertrauens einen sogenannten *resguardo* bestellen, einen Schutz gegen bösen Zauber. Und als Dreingabe eine Zauberarbeit gegen uns. Eine solche »Arbeit«, wie das Zauberwerk schlechthin genannt wird, ist selbst für den Rationalisten häufig durchaus kein Spaß – nicht wegen der überirdischen, sondern wegen der sehr irdischen Elemente, aus denen sie sich zusammensetzt.

Der Aberglaube des Nächsten ist ein heikles Spielzeug. Wir erklärten dem Mädchen daher sorgfältig, dass, da weder sie noch wir an Hexerei glaubten, auch keine Aussicht darauf bestand, dass Don Abelardo es täte – und dass wir nie ernsthaft daran gedacht hatten, uns auf diese Weise des Truthahns zu entledigen.

Die Dinge blieben beim Alten. Der Truthahn hielt seine Gewohnheiten peinlich ein und wurde sichtlich fetter Tag für Tag. Wir wachten jetzt auf, schon ehe er zu kollern anfing, und warteten wütend darauf, seine vertraute Stimme zu hören. Kaum öffnete er den Schnabel, so schliefen wir wieder ein, gewöhnlich bis weit in den Tag hinein. Mit unserem Arbeitsprogramm waren wir hoffnungslos im Verzug. Was den Nachbarn betraf, so existierten wir nicht mehr füreinander. Üblicherweise pflegten wir jeden Nachmittag mit ihm in seinem schokoladenfarbenen Auto in die Stadt zu fahren. Jetzt benutzten wir den Autobus.

Eines Abends trafen wir zufällig seinen Sohn. Der schüchterne junge Mann traute sich kaum, uns zu grüßen. Die Erleichterung war ihm anzusehen, als wir wohlgelaunt ein Gespräch mit ihm begannen. Man redete über das Wetter. Wirklich, der Winter war entsetzlich heiß dieses Jahr, er verdiente den Namen nicht. Als wir uns verabschiedeten, fügte Klemens ganz mechanisch hinzu: »Und beste Grüße an die Familie.«

Am nächsten Morgen brachte unsere Köchin strahlend ein Tablett mit einem Dutzend riesiger gelber Grapefruits an den Tisch, die Don Abelardo frühmorgens für die Señora geschickt hatte. Die Señora ließ förmlich danken. Die Grapefruitbotschaft stellte die diplomatischen Beziehungen wieder her.

Am Nachmittag wartete er zur gewohnten Stunde mit dem Wagen am Tor. Ich ließ ihn nicht umsonst warten und fuhr mit ihm in die Stadt. Wir versuchten beide, unsere Verlegenheit zu verbergen. Den Truthahn erwähnten wir mit keinem Wort, obwohl er spürbar zwischen uns saß. Don Abelardo sah sehr aufmerksam durch sein Fenster, ich hielt mich an das meine, und unsere Unterhaltung war bei aller Höflichkeit nicht gerade angeregt. Ich spürte, wie er mit seinem Ressentiment uns gegenüber kämpfte und wie er entschlossen war, sich nichts anmerken zu lassen. Als er ausstieg und seinen Chauffeur bat, mich weiterzufahren, drehte er verdrossen das Gesicht weg.

Im Grunde war er nicht zufrieden mit dem Ergebnis der Grapefruitbotschaft. Ich war zwar gekommen, oder – wie er sagen würde – der Señor hatte »sie« geschickt, aber der Señor seinerseits war nicht gekommen. In Südamerika zählt nur der Señor, während die Señora nur wenig mehr als ein gehorsamer Schatten ihres Herrn ist. Es war ganz klar, dass Klemens selbst auf der Bildfläche erscheinen musste, wenn wir den neu erstandenen guten Willen nicht aufs Spiel setzen wollten. Also ging Klemens beim nächsten Mal mit, und nun wurde die Atmosphäre herzlich. Der Truthahn wurde mit keinem Wort erwähnt. Drei Tage darauf lud ich

Don Abelardo ein, am nächsten Abend zu uns zu kommen. Er lehnte mit Bedauern ab, denn er hatte den Abend bereits vergeben. »Aber was den Puter angeht«, fuhr er fort und gab damit Antwort auf eine Frage, die niemand gestellt hatte, »dem Puter hat die Stunde geschlagen. Nächsten Sonntag wird er gegessen. Und wenn nicht nächsten Sonntag, dann spätestens übernächsten.« Wir begrüßten diese Mitteilung mit liebenswürdiger Gleichgültigkeit und hüteten uns davor, eine Siegermiene aufzusetzen. Man wechselte schleunigst das Thema. Wir waren sicher, es würde bestimmt nicht der nächste, sondern erst der übernächste Sonntag sein, und mit diesem Aufschub würde uns Don Abelardo beweisen, dass er sich von niemandem etwas befehlen ließ. Obwohl wir die Tage zählten, wurden der Truthahn und sein bevorstehendes Ende von keiner Seite erneut erwähnt. Unterdessen gewannen die nachbarlichen Beziehungen die alte Herzlichkeit zurück.

Dann kam der Morgen, an dem wir wie immer um halb sechs aufwachten, in Erwartung der kollernden Stimme. Doch wir warteten vergeblich. Es blieb still. Wir warteten, bis die Sieben-Uhr-Sirene ertönte. Da standen wir beide auf und gingen auf die Terrasse. Der Nachbargarten lag in der Sonne. Das magische Viereck vor unserem Schlafzimmer unterschied sich in nichts von dem Grün der großen Rasenfläche. Es war der zweite Sonntag.

So könnte die Geschichte enden. Es muss jedoch festgestellt werden, dass Don Abelardo gleich am nächsten Tag zwei neue Truthähne kaufte. »Für das Osteressen«, wie er uns mit einem leisen Lächeln mitteilte. Die Nachfolger des großen weißen Truthahns verbrachten ihr Leben allerdings angepflockt im hinteren Teil seines Gartens. Und um ganz genau zu sein: Es waren Truthennen.

Die Erscheinung

»Bitte, tadeln Sie mich nicht, wenn das Essen kalt ist, Señora«, sagte Josefa. »Der Tote ist schuld daran.« Ihre Stimme klang hysterisch, und hellgraue Flecken zeigten sich auf ihrer ebenholzfarbenen Haut. »Da drüben steht er, an der Ecke der Garage, und winkt mir zu. Er ist ganz in ein weißes Betttuch gewickelt.« Mit zitternden Händen setzte sie das Tablett mit dem Mittagessen auf den Tisch.

Klemens war wütend. »Gestern Abend war wieder Vollmond«, sagte er. »Jetzt schnappt auch sie bald über und läuft davon. Such dir beizeiten eine andere.« Wir hatten die Erfahrung gemacht, dass der Vollmond der kritische Augenblick ist, an dem die einheimischen Köchinnen leicht die Vernunft und den Arbeitsplatz aufgeben.

Ein Blick auf Josefas Gesicht genügte. Auf beiden Schläfen trug sie ein grünes Blatt, etwa so groß wie ein Lorbeerblatt, das sie mit ausgelassenem Fett angeklebt hatte. Ihre Wangen glänzten von der Schmiere. Das Haar, das sie sonst in eng gewickelten schwarzen Hörnchen zu tragen pflegte, die wie eine Strahlenkrone über ihrer niederen Stirn standen, steckte jetzt unter einer gehäkelten blauen Kappe. Ihr sonst so freundliches und zutrauliches Gesicht war finster und verschlossen, als sie die Teller mit einem Ruck auf den Tisch stellte und wieder davonschlurfte.

Nach dem Essen ging ich in die Küche. Da stand sie auf der Terrasse hinter dem Haus und starrte auf die Garage. Es war früher Nachmittag. Der Garten lag im hellsten Tropenlicht.

»Dort steht er«, sagte sie. »Drüben an der Ecke.«

»Du träumst«, erwiderte ich. »Niemand steht dort.«

»Sie sehen ihn nur nicht, Señora. Es ist nicht für jeden, die Toten zu sehen. – Oh, jetzt ist er weg!« Und ohne ein weiteres Wort ging sie zurück in die Küche und begann die Teller abzuwaschen.

Der Tote schien sich fürs Erste mit dieser einen Erscheinung zu begnügen. Und obwohl wir uns bei jeder Mahlzeit so höflich bei Josefa nach ihrem schweigsamen Besucher erkundigten, wie wir nach ihren Zahnschmerzen gefragt hätten, wenn sie mit einer dicken Backe erschienen wäre, bekamen wir stets nur ein finsteres Kopfschütteln zur Antwort. Ich begann schon zu fürchten, dass Klemens recht behalten würde. Der grüne Seelenblitzableiter an ihren Schläfen schien diesmal nicht zu wirken. Noch nie hatte sie ihn so lange getragen. Auch die blaue Mütze nahm sie nicht vom Kopf. Ich sehnte mich danach, ihre schwarzen Haarhörner wieder wie Strahlen über ihrem freundlichen Grinsen stehen zu sehen, denn zwischen ihren Anfällen von Verrücktheit war sie eine gute Köchin und alles andere als dumm.

Sie war damals seit bald einem Jahr bei uns, und obwohl sie fast Analphabetin war, hatte sie viele von meinen Kochrezepten gelernt. Dazu war sie im Brauen von Getränken aus Heilkräutern fast so begabt wie Vitalia. Überdies war sie fromm. Kurz, ehe sie zu uns kam, hatte ihre Tochter Mercedes, das einzig überlebende von siebzehn Kindern, Typhus gehabt, und Josefa hatte das sogenannte Baumwollgelübde abgelegt. Wir hatten sie nie anders als in einem sackartigen Kleid aus grober, ungefärbter Baumwolle gesehen, zu dem sie statt eines Gürtels einen Strick um die Hüften trug, um der Jungfrau ihre Dankbarkeit für die Rettung von Mercedes zu erweisen. Wenn uns etwas fehlte, brachte sie neben ihren Tees auch gleich ein dickes Gebetbuch mit ans Bett, das wie ein Kochbuch eingeteilt war und Rezepte für alle Gelegenheiten enthielt. Je nach Beschwerde las sie dann stundenlang Gebete gegen einen verdorbenen Magen oder eine Grippe vor, die sie eigentlich alle auswendig konnte, die aber ohne das Buch weniger heilkräftig gewesen wären. Und sie konnte die ganze Nacht bei einem ausharren, wenn man nur bereit war, an die Wirkung des von ihr ausgesuchten Gebets zu glauben. Ich erinnere mich, wie sie mir einmal bei einer Lungenentzündung zusätzlich drei Gräser um den linken Knöchel band, und später nicht davon abzubringen war, dass sie und nicht die Penizillinspritzen mich vor dem Tode gerettet hatten. Die gleichzeitige Verwendung so vieler Hilfsmittel machte es schwer, mit ihr darüber zu streiten.

Es tat mir daher wirklich leid, dass sie diesmal so gar nicht wieder zu sich zu kommen schien. Ich beschloss, einen Versuch zu machen, ihr zu helfen. Klemens war dagegen. Seiner Ansicht nach war derartigen Zuständen mit Vernunft kaum beizukommen.

Als ich hinunterkam, hockte sie auf dem Boden der Küchenterrasse. Vor ihr stand ein großer Teller mit Reis und Bohnen. Ein Gericht, das auf den Antillen bei Arm und Reich zu jeder Mahlzeit gehört und auf verschiedenste Weise zubereitet wird. Die Unterschiede der einzelnen Rezepte sind oft so gering, dass wir Ausländer außerstande sind, sie zu bemerken. Solange aus den Bohnen kein süßer Brei gekocht wird, schmeckt für uns alles ziemlich gleich. Zu unserem Bedauern pflegte Josefa alles, selbst den Reis, mit dem Löffel ihrer eignen Handfläche zu essen. Für gewöhnlich aßen unsere Mädchen regulär mit Messer und Gabel. Aber als wir es das erste Mal sahen, waren wir bereits sehr an sie gewöhnt, und ihre Angewohnheiten zu verändern war aussichtslos. Sie hatte nur freundlich genickt und war mit ihrem Essen hinter die Garage verschwunden. Und schließlich war es ihre Sache, wie und wo sie aß.

Da saß sie nun also, ließ das Essen kalt werden und sah auf die Garage hinüber.

»Josefa«, sagte ich vorsichtig. »Du siehst gar nicht gut aus. Du musst mehr essen. Freu dich doch, dass er nicht wiederkommt.«

»Ich weiß nicht, Señora«, antwortete sie. »Es macht mich ganz verrückt. Immer denke ich an ihn. Ich habe gar keine Lust mehr, zu arbeiten.« Das wusste ich bereits, bevor sie es ausgesprochen hatte. Man sah es am Zustand ihrer sonst so

ordentlich gehaltenen Küche. Aber ich ließ alle hausfrauli-
chen Erwägungen beiseite. Die Menschen in dieser Gegend
sind mimosenhaft empfindlich, und ein Vorwurf wirkt
meist nicht als Ansporn, sich zu verbessern, sondern entmu-
tigend. Der so Entmutigte ist gekränkt und lässt leicht alles
stehen und liegen. In dem kritischen Zustand, in dem sich
Josefa befand, hätte jede noch so freundliche Erwähnung
ihrer vernachlässigten Pflichten ein sofortiges »Ich gehe«
zur Folge gehabt. Gerade das aber wollte ich vermeiden,
denn eine neue Köchin so in europäische Rezepte einzuler-
nen, wie ich es mit Josefa getan hatte, würde mich viel Zeit
kosten. Und obwohl die Mädchen mit Vorliebe zu Auslän-
dern gehen, würde ich mehrfach wechseln müssen, um ein
passendes zu finden. Ich gab mir also große Mühe, Josefas
Sorgen bei der Wurzel zu packen.

»War es der erste Tote, der dich besucht hat? Hast du eine
Ahnung, was er von dir wollte? Warum er in unseren Garten
gekommen ist? Und das am helllichten Tag?«, fragte ich.

»Ach«, sagte sie. »Das machen sie, ganz wie sie wollen.
Haben Sie noch nicht bemerkt, dass ich abends immer
durch die Zimmer gehe und nachsehe, ob keine halbvol-
len Gläser herumstehen? Das wäre eine Einladung für sie:
Dann kommen sie, um sie auszutrinken. Manchmal gehen
sie nachts ums Haus, wenn man schon im Bett liegt. Aber
wenn ein Toter in Gestalt zu einem kommt, ist das etwas
anderes. Dann ist er auf der Suche nach jemandem, der ihm
hilft, die ewige Ruhe zu finden.«

»Also war dein Besucher von letzter Woche ein besonders großer Sünder?«, fragte ich.

»Nein, das ist es nicht. Nach dem Tode finden wir alle den Frieden. Sünden und Sorgen scheren uns nicht weiter«, unterbreitete sie mir ihre persönliche Theologie. »Es gibt eine einzige Ausnahme: Wenn einer bei Lebzeiten sein Geld vergraben hat, dann muss er es einem Lebenden geben. Sonst findet er keine Ruhe.«

»Du meinst also, er wollte dir einen Schatz bringen?«, fragte ich.

»Ja.« Sie nickte. » Ganz bestimmt. Nur deswegen ist er gekommen. Aber als Sie auf die Terrasse kamen und wir über ihn redeten, ging er wieder davon.« Mit Missfallen nahm ich zur Kenntnis, dass sie mich für die Launen des Toten verantwortlich machte. Sie blickte nicht auf. Ob sie es mir nachtrug, dass ich ihn verscheucht hatte? »Aber du hattest doch solche Angst vor ihm«, entschuldigte ich mich.

»Ach«, sagte sie. »Das macht nichts. Angst sind sie gewohnt. Und sie sind hartnäckig. Aber es ist wahr, ich weiß nicht, ob ich mich getraut hätte, seinen Krug auszugraben.«

Sie klärte mich darüber auf, dass der Schatz immer in einem Tonkrug vergraben wird (in einer »Flasche«, wie man ihn dort nennt) und dass der unglückliche Eigentümer persönlich anwesend ist, um beim Ausgraben seine kalte Hand mit anzulegen. An Erfahrungen fehle es ihr nicht, fuhr sie fort. Sie wäre vor Jahren schon reich geworden, wenn es nicht der Übereifer des Geistes gewesen wäre, der die Erlösung von seinen Ersparnissen nicht abwarten konnte. »Meine Schaufel stieß gerade auf etwas Hartes«, erzählte sie. »Da kam eine weiße Gestalt den Hügel heruntergeglitten. Sein Gesicht habe ich nicht gesehen. Er war ganz in sein Betttuch gewickelt. Ich wollte auch gar nicht hinsehen. Aber er war so ungeduldig. ›Hilf mir‹, stöhnte er immerzu. Und auf einmal spürte ich seine eisigen Finger auf meinem Arm. Da war es aus. Ich lief davon. Und am nächsten Morgen war der Schatz weg.« Sie machte eine Pause. »Der Schatz war weg, für immer. Aber die Berührung seiner eisigen Hand war zu furchtbar, Señora«, wiederholte sie mit tonloser Stimme.

Statt aber nun aufzustehen und sich ans Spülen zu machen, wie man es nach einer so erleichternden Aussprache hätte erwarten können, wickelte sich Josefa zu meiner großen Bestürzung auf einmal den Rock um den Kopf und ließ sich ganz trostlos auf die Fliesen fallen. Vielleicht war der Verlust von zwei Schätzen mehr, als sie ertragen konnte. Ich fühlte mich der Lage nicht gewachsen und ging, um Klemens zu holen.

Klemens pflegt beruhigend auf verrückte Menschen zu wirken. Zwar war er von vorneherein gegen meine Unterhaltung mit ihr gewesen – und nicht zu Unrecht, wie sich jetzt herausstellte –, aber wie Männer eben sind, konnte er der Versuchung nicht widerstehen, mir zu zeigen, wie viel besser er es verstand, mit Josefa umzugehen. So ließ er sich überreden, mit hinunterzukommen, nachdem er sich von mir ausführlich in alle Einzelheiten unseres makabren Gespächs hatte einweihen lassen. Aber Josefa war weder in der Küche noch auf der Terrasse anzufinden. Die Tür des Mädchenhauses im Garten war von innen verriegelt, als wir es dort versuchten. Schließlich machte sie auf, tränenüberströmt. Sie war beim Einpacken ihrer wenigen Sachen und erklärte uns, sie wolle sofort nach Hause fahren. Sie würde gerne wiederkommen, vielleicht im nächsten Jahr, aber jetzt müsse sie erst einmal nach Hause. Heute noch. Ihre Mutter erwarte sie.

Während sie sprach, sah sie wieder fast normal aus. Der grüne Blätterschmuck war von ihrer Stirne verschwunden, und als sie heraufkam, um sich ihren Lohn auszahlen zu lassen, standen die schwarzen Hörner ihres widerspenstigen Haares in gewohnter Weise vom Kopf ab. Sie sah uns nicht ins Gesicht, und weigerte sich, einen Grund für ihre überstürzte Abreise anzugeben. Immerhin willigte sie ein, die Küche noch aufzuräumen. Das war nett von ihr.

Josefas Nachfolgerin war das komplette Gegenteil. Sie war sehr sorgfältig, unauffällig und mit gutem Geschmack gekleidet, während die Angehörigen der dienenden Klasse in dieser Gegend gerne lebhafte und oft schreiende Farben tragen. Man hätte Maria für die Tochter eines kleinen Beamten halten können. Und das wäre auch keineswegs ganz verfehlt gewesen. Als sie vier Jahre alt war, hatte ihre Mutter sie einer bekannten Familie in der Hauptstadt geschenkt, bei der sie aufgewachsen war. Die Armen auf der Insel verschenken gerne eines oder auch mehrere ihrer zahlreichen

Kinder, um die Zahl der Esser zu verringern und den Kleinen eine bessere Erziehung zu sichern. Erziehung ist hierbei freilich ein sehr dehnbarer Begriff. Es hängt ganz von der Gewissenhaftigkeit der Familie ab, die das Kind annimmt, da sie legal keinerlei Verpflichtungen eingeht. In vielen Fällen wird das Kind einfach zum unbezahlten Dienstboten, dem man nur Essen und Kleidung gibt. Auch uns bot man, wenn wir in den Ferien auf dem Lande waren, fast regelmäßig Kinder an. Es genügte, wenn man mit einer armen Familie des Dorfs nur in einen einigermaßen freundlichen Kontakt kam, manchmal reichte es auch schlechterdings, im Wald an einer Hüte vorbeizugehen, um Kinder jeden Alters und jeder Hautfarbe angepriesen zu bekommen, schwarze oder auch weiße Kinder mit blonden Haaren und blauen Augen, wie sie im Norden der Insel gar nicht selten sind. Ein Geschenk, das wir zur Betrübnis der Eltern immer ablehnten, obwohl uns die Arbeitskraft von Sohn und Töchterchen jeweils aufs Verlockendste geschildert wurde.

Was Maria betraf, so hatte sie Glück gehabt. Sie hatte auf die Schule gehen dürfen, hatte Lesen und Schreiben gelernt, konnte nähen und nach einem von ihr mit eigener Hand geschriebenen Kochheft kochen. Ihre Adoptivfamilie hatte sie sogar mit einer kleinen Aussteuer versehen und verheiratet. Aber der Mann, so sagte sie, war nach einem Jahr gestorben. Kurz, Maria war ein wirklicher Fund für uns. Dass sie sich grüne Blätter auf die Stirne geklebt das Haar in schönen Zöpfen aufgesteckt hätte, war völlig unvorstellbar.

Am Abend des Tages, an dem sie bei uns eintraf, hatten wir ein paar Freunde zu Gast. Sie gratulierten uns zu Maria, denn sie kannten die Familie, die sie aufgezogen hatte. Dennoch trauerten sie Josefa ein wenig nach. In einer kleinen Stadt, in der man praktisch kaum je ins Restaurant geht, weiß man, was die Köchin des andern wert ist. Josefas *Omelette surprise* und überhaupt die Nachspeisen, die sie von mir gelernt hatte, hatten immer große Anerkennung gefunden. Dass man also Josefa einen freundlichen Nachruf widmete, wäre nichts Überraschendes gewesen. Das Besondere war aber, dass Carlos ihre Partei ergriff. »Josefa ist vielleicht weniger verrückt, als Sie glauben«, begann er. »Guillermo Gómez« – der frühere Besitzer des Hauses, mit dem er ebenfalls befreundet gewesen war – »behauptet, es spuke in diesem Haus. Und Gómez ist ja wohl kaum der Hysterie verdächtig.« Das war er wirklich nicht. Es war einer der fortschrittlichsten und gescheitesten Anwälte der Stadt. Auf Nachfrage erklärte Carlos zu unserem Trost, dass das Hausgespenst mit Josefas Besucher nur die weiße Vermummung gemeinsam hatte, die nun mal die einfallslose Mode aller Gespenster ist. Es hatte sich nie bei Tageslicht gezeigt, sondern, wie es sich für ein konservatives Gespenst gehört, immer nur nach Mitternacht, wobei es dem Treppenhaus den Vorzug gab. Überdies hatte es den Kopf nicht mit einem Betttuch umwickelt, sondern trug ihn, wie man es auf alten Heiligenbildern sehen kann, säuberlich unterm Arm. Leider konnten wir den Anwalt nicht um weitere Einzelheiten bitten, denn er war seit einem Jahr auf Reisen. Das Haus hatte er seit Langem verkauft, und das Gespenst schien mit ihm ausgezogen zu sein. Jedenfalls hatte es seit Jahren nicht mehr von sich reden gemacht, wie selbst Carlos zugeben musste. So verlief die Unterhaltung in ungetrübter Heiterkeit, und man trennte sich spät mit der Vereinbarung, demnächst gemeinsam Marias Kochkünste auf die Probe zu stellen.

Wir stellten noch eine Gästeliste zusammen und setzten ein Menü auf, ehe wir zu Bett gingen. Aber wir mochten kaum eine Stunde geschlafen haben, da wachte ich plötzlich auf. Mir war nicht gleich klar, was mich geweckt hatte. Alles war still. Auf einmal hörte ich ein leises Geräusch auf der Treppe, als ob jemand tastend heraufkäme. Es blieb stehen. Dann hörte ich wieder einen Tritt, ganz leise. Vielleicht hatten nur die Dielen geknarzt. Ich weckte Klemens. »Das fehlt gerade noch«, sagte er. »Willst du es Josefa nachmachen?« In diesem Augenblick wurde ein deutliches Stöhnen hörbar, und wer immer es war, entschloss sich, zwei weitere Stufen zu nehmen. Klemens setzte sich auf. »Wir müssen träumen.« Alles blieb still. Man hörte nur das Rascheln des Flamboyantbaums vor dem Fenster. »Vielleicht sind es Ratten«, sagte Klemens dann. Und das war das Wahrscheinlichste. Die Ratten pflegen in den Tropen bei Sonnenuntergang auf die Bäume zu steigen, und man sieht ihre hässliche graue Prozession die Zweige entlanglaufen. Es knistert unangenehm, wenn sie an den Schoten nagen. Von dort gelangen

sie rauf aufs Dach, und wenn sie nachts oben über die Wellblechplatten laufen, ist es, als hörte man ein Regiment Sol-
daten. Man muss sich sehr daran gewöhnen. Warum sollte
also nicht eine Ratte ins Treppenhaus gelangt sein? Trotzdem, für eine Ratte hatte es merkwürdig geklungen. »Jedenfalls«, sagte Klemens, »kannst du dich darauf verlassen,
uns bringt keiner einen Schatz. Josefas Bekannte mögen ihr
Geld vielleicht vergraben. Aber in diesem Stadtviertel hat jeder sein Bankkonto, und das geht auch in Ordnung.« Damit
drehte er das Licht aus, nicht ohne noch hinzuzufügen: »Es
ist sowieso ganz gleichgültig. Wer lebt hier nicht über seine
Verhältnisse? Wenn die Toten etwas hinterlassen, dann sind
es Schulden.«

Kaum war es dunkel, da hörten wir erneut die Schritte. Der
Besucher schien sich nach langem Zögern nun doch entschlossen zu haben, ganz heraufzukommen. Ratten waren
es also eindeutig nicht. Wir hielten den Atem an. »Hast du
es auch stöhnen hören?«, fragte ich leise. Aber die Frage
erübrigte sich. Es stöhnte ganz deutlich noch einmal. Der
mysteriöse Besucher musste schon auf dem Treppenabsatz
stehen. Auf einmal hörten wir eine leise Stimme sagen:
»Señora, *ayúdeme*, helfen Sie mir.« Wir sprangen gleichzeitig
aus dem Bett und rissen die Tür auf. Das Treppenhaus war
dunkel, aber wir waren nicht allein. Wir drehten das Licht
an. Da war das Gespenst. Wirklich, da war es. Es stand vor
uns auf dem Treppenabsatz, ganz in ein weißes Laken ge-
hüllt, und schien sich vor Schmerzen zu krümmen. Auf sei-

nem Weg hatte es blutige Spuren auf den Stufen hinterlassen. Den Kopf aber hatte es an der natürlichen Stelle, und man erkannte ein dunkel angelaufenes, pflaumenfarbiges Gesicht über der weißen Vermummung. Als die Gestalt auf dem Treppenabsatz uns erblickte, begann sie zu schluchzen und stieß die für ein Gespenst so unpassenden Worte hervor: »*Me muero, me muero!* Ich sterbe, ich sterbe!«

Es dauerte einen Augenblick, bis uns der Atem zurückkam. Die Gestalt schien den Mangel einer Antwort als Vorwurf aufzufassen, denn sie begann sich in kläglichem Ton für die nächtliche Störung zu entschuldigen. Es war Maria, das neue Mädchen. Sie kannte sich noch nicht aus und hatte den Lichtschalter nicht gefunden. (Eigentlich schlief das Mädchen, bei uns wie überall in den Tropen, im Mädchenhaus im Garten. Aber wir hatten Maria erlaubt, die erste Nacht unten im Gästezimmer zu schlafen, da ihre Vorgängerin das Mädchenhaus in ziemlicher Unordnung hinterlassen hatte.) Da stand sie also auf dem Treppenabsatz, stöhnend und verlegen. Das Blut lief ihr die Beine herunter, und das Laken wurde immer röter. Sie berichtete, sie habe sich schon den gesamten Abend über nicht gut gefühlt, sich aber nicht getraut, etwas zu sagen. Sie entschuldigte sich, dass sie sich nicht richtig angezogen habe, aber sie sei dazu nicht imstande gewesen. Während sie sprach, krümmte sie sich von Neuem und kauerte sich auf dem Boden nieder vor Schmerzen. Das Sprechen schien ihr nicht zu bekommen. Ich glaube beinah, ein Gespenst wäre uns lieber gewesen.

Auf unsere entsetzten Fragen hin, was denn sei, erklärte Maria, dass sie bereits bei einer Krankenschwester gewesen war. Die habe ihr zugeredet, gleich heute die Stelle anzutreten, es sei alles in Ordnung mit ihr.

Ich brachte Maria wieder zu Bett und rieb sie mit Kampferspiritus ab. Klemens ging hinüber zum Telefon, aber wie gewöhnlich war die Telefonistin eingeschlafen. So musste er die zwei Kilometer bis zur nächsten Taxihaltestelle zu Fuß gehen und dann weiter ins Hospital fahren, bevor er nach einer knappen Stunde gemeinsam mit dem Krankenwagen zurückkam. Am Morgen rief ich den leitenden Arzt des Krankenhauses an und bat ihn, sich um das Mädchen zu kümmern. Sie wurde sofort operiert. Und unser armes Gespenst war gerettet.

Nichts gegen Gogh

Es klopfte höflich an unserer Tür. Und in der Tat, dass überhaupt geklopft wurde, war bereits ein Zeichen ungewöhnlicher Höflichkeit, denn die breite Tür stand weit offen. Die beiden nach außen aufgehenden Türflügel waren gegen die Wand der langen, aber schmalen Terrasse zurückgeschlagen, die vorne am Haus entlanglief. Ebenso offen standen die beiden anderen Türen, die das Wohnzimmer mit der Terrasse verbanden, sodass der frische Abendwind ungehindert hereinströmte. Wenn alle Türen offen standen, bildete das Zimmer praktisch eine Einheit mit der Terrasse. Es war nur eine kleine, leicht missbilligende Übertreibung, wenn unsere Köchin Ophelia, ehe sie den Tisch deckte, zu fragen pflegte: »Wünscht die Señora, dass ich im Hause anrichte oder auf der Straße?«

Auch für die meisten Besucher verwischte sich die Grenze. Wenn sie erst einmal die wenigen Stufen zur Terrasse erklommen hatten, meinten sie, dass sie bereits so weit in unsere Wohnung vorgedrungen waren, dass sie ebenso gut ganz eintreten konnten. Der Überfall wurde noch dadurch erleichtert, dass bei diesen spanisch gebauten Häusern das Wohnzimmer meist gleich ins Esszimmer mündet. Nur ein paar dekorative Säulen oder Pfeiler trennen die Räume. Die Türen der anschließenden Zimmer lässt man gewöhnlich ebenfalls offen, damit die Luft besser zirkulieren kann. Kurz, ein Haus in den Tropen ist ein denkbar ungeeigneter Ort, um sich vor einem Besucher verleugnen zu lassen. Die einzige wirkliche Zuflucht bietet das Badezimmer.

Aber in diesem Fall war der höfliche Besucher doppelt willkommen. Die diskrete Anmeldung kündigte unsere liebste Nachbarin an – eine russische Emigrantin, die im Nebenhaus wohnte und herüberkam, um uns nach der Rückkehr aus den Sommerferien zu begrüßen.

Ich ließ die Koffer halb ausgepackt stehen, um sie zu empfangen. Wir hatten uns kaum gesetzt und die ersten Höflichkeiten ausgetauscht, als Klemens erschien und sofort mit einer Frage auf Madame Akinowa zuging: »Meine Frau hat Ihnen die große Neuigkeit natürlich gleich erzählt? Von jetzt an sind wir eine dreiköpfige Familie.«

Madame Akinowa blickte etwas erstaunt von ihm zu mir, von mir zu ihm, und ich sah, wie sie rot wurde. Das war doch keine passende Art, etwas Derartiges mitzuteilen.

Aber Klemens schien ihre Verlegenheit nicht zu bemerken und fuhr vergnügt fort: »Ich bin überzeugt, Sie werden das neue Familienmitglied mögen. Wir haben seinetwegen sogar eine neue Sprache gelernt.«

Die Besucherin sah ihn verblüfft an. »Haben Sie etwa einen Chinesen mitgebracht?«, fragte sie. »Chinesisch stand doch als Nächstes auf Ihrem Programm.«

»O nein, etwas viel Elementareres«, antwortete Klemens. »Obwohl es dennoch eine viel reichhaltigere Sprache ist, als man gemeinhin glaubt. Ich rede von Kätzisch. Wir können bereits fünfzehn verschiedene Ausdrücke. Möchten Sie sie hören? So sagt man beispielsweise: Wie geht es Ihnen?« Und er brachte das freundlichste und überzeugendste »Miau« hervor, das menschlichen Lippen entschlüpfen konnte.

Aber ehe er dazu kam, weitere Worte des neu erworbenen Vokabulars vorzuführen, wozu er durchaus aufgelegt schien, antwortete eine kleine Stimme in derselben Sprache. Und von einem Stuhl unterm Esstisch, auf dem sie geschlafen hatte, sprang eine gestreifte kleine Katze und kam auf uns zu, während sie die Begrüßungsworte noch einmal zärtlich wiederholte.

»Darf ich die Gelegenheit nutzen, um Ihnen Gogh vorzustellen?«, fragte ich. »Ich möchte Sie gleich darauf aufmerksam machen, dass er kein alltäglicher Kater ist. Sehen Sie nur, wie stolz er den Schwanz trägt. Dabei geht er heute zum ersten Mal in seinem Leben auf Fliesen.«

»Erlauben Sie«, sagte Madame und zog die Augenbrauen hoch. »Ich muss zugeben, Ihr Mann spricht Kätzisch erstaunlich gut. Aber hätten Sie nicht eine Katze mit zwei Ohren finden können?«

Ich setzte sofort zu Goghs Verteidigung an. »Es ist nicht zu leugnen«, sagte ich. »Er hat nur ein Ohr. Aber hat van Gogh sich nicht auch ein Ohr abgeschnitten und war trotz allem ein großer Maler?«

»Ich habe keine Ahnung, wie er es verloren hat«, sagte Klemens. »Ich fand ihn so bei einem Spaziergang in den Bergen.«

»Ach, Sie meinen den großen Gogh. Aus Neigung zur Asymmetrie vielleicht.« Madame nahm den kleinen Gogh auf den Schoß und untersuchte seinen Kopf. Über dem linken Auge bedeckte ein Haarpinsel die Stelle, an der das Ohr hätte sein müssen. »Kein Zweifel, es ist mit einem Messer geschehen ... Wie grausam! – Ich würde ihm aber den vollen Namen geben: van Gogh«, fügte sie etwas pedantisch hinzu. »Trotzdem, ich weiß nicht, ob es wirklich der Mühe wert war, ihn mitzunehmen. Ein ganz gewöhnlicher, gestreifter Kater – mit einem netten Kindergesicht, das will ich Ihnen lassen. Wo Sie hier doch die großartigsten Katzen haben könnten. Da ist der Kater Pompon mit seinem dicken Löwenkopf. Der Arme hat kein rechtes Heim mehr, seit sein Herr im Gefängnis sitzt. Dann gibt es den eleganten schwarzen Peter und außerdem noch Murr, den entzückend schwarz und weiß gefleckten Kater, den ich diesen Sommer adoptiert habe. Das sind die nettesten Katzenherren in der gesamten Nachbarschaft. Sie werden ihren armen kleinen Dorfkater bei jeder Katzendame ausstechen. Schönheiten wie Mizzi und Kittie kann er sich gleich aus dem Kopf schlagen.« (Madame Akinowa war stets auf dem Laufenden über die letzten Neuigkeiten und Skandale der Katzennachbarschaft und trug bei uns nicht umsonst den Spitznamen »das Katzendekameron«.)

Klemens aber begann sich ernsthaft zu ärgern. »Mizzi und Kittie werden ihm gar nicht gefallen«, erklärte er mit so finsterem Nachdruck, wie es üblicherweise erst bei einer

schwerwiegenderen Meinungsverschiedenheit angebracht gewesen wäre. »Wir mögen sie nicht, und er wird sich auch nichts aus ihnen machen.«

Die Schönheit von Mizzi und Kittie war schon immer ein Zankapfel zwischen Madame und Klemens gewesen. Wenn es je ein Haustier gegeben hat, das den genauen Gesichtsausdruck seines Herrn annahm, so waren es diese beiden Angorakatzen. Der sture Kuhblick ihrer grünen Augen in dem seidenweißen Fell war in der Tat höchst eigenartig. Man sah gleich den alten schwäbischen Tischler vor sich, der seine Faust mit Genugtuung auf jedes Möbelstück zu hämmern pflegte, das seine Werkstatt verließ, wobei er den Widerhall stets mit einem stolzen »Echt Holz« begleitete.

Zum Glück wurde der Zank dadurch unterbrochen, dass ein weiterer Nachbar zur Runde dazukam. Ein junger Medizinstudent, der sofort seine chirurgischen Dienste anbot. »Sie haben die Wahl«, sagte er. »Ich kann ihm auch noch das andere Ohr abschneiden, dann sieht er aus wie eine kleine Eule. Oder wir nehmen eine der herrenlosen Katzen, die hier herumlaufen, und ich nähe ihm ein falsches Ohr an.«

Am nächsten Morgen sprach sich unser Obstmann zu dem Thema aus. Er war ein mürrischer alter Mann mit einem bösen, verkniffenen Gesicht, der vormittags auf seinem Eselchen durch die Vorstadt ritt und seine Ananas und Bananen feilbot. »Zuckerbrotananas«, rief er mit saurem Gesicht. Kaum sah er Gogh, erklärte er in seinem üblichen, anklagenden Ton: »Die Katze ist gezeichnet. Es ist eine Wildkatze, ein Dieb, ein Bandit. Deswegen haben sie ihr das Ohr abgeschnitten. Eigentlich müsste man sie umbringen.«

Am Abend bekamen wir eine weniger dramatische Erklärung. Ein alter Staatsbeamter und seine Frau hatten ihren Besuch angemeldet. Der Höflichkeitscode auf der Insel verlangt, dass man nicht wartet, bis man eingeladen wird, sondern dass man seinen Freunden und Bekannten in regelmäßigen Abständen seinen Besuch ankündigt. Eine gesellschaftliche Verpflichtung, die man nicht zu lange aufschieben darf.

Nachdem Don Antonio im Gespräch mit Klemens auf eine politische Unterhaltung zuzusteuern schien, während Doña Josefina unser weibliches Tête-à-Tête mit den unvermeidlichen Klagen über ihre unzuverlässigen Dienstmädchen begann, hoffte ich mit der Vorstellung des einohrigen Katers ein gemeinsames Gesprächsthema gefunden zu haben. Zumal beide sehr katzenfreundlich waren und auf all ihren Sofas gestickte Katzenkissen lagen, damit sich ihre fette und verwöhnte Angorakatze nie einsam fühlte.

»Ich kann Ihnen sagen, warum man ihm sein Ohr abgeschnitten hat«, begann nun auch Don Antonio sogleich mit all der gewichtigen Autorität, die einem Mann von seiner hohen Stellung zukam. »Man wollte ihn daran hindern davonzulaufen.« Uns leuchtete der Zusammenhang nicht gleich ein, und wir baten bescheiden um eine genauere Erklärung.

»Ganz einfach«, sagte er. »Bei jedem Regen muss er nach Hause kommen, denn sonst würde ihm das Wasser ins offene Ohr tropfen. So kann er nicht rebellisch werden und sich auf und davon in die Berge machen.«

Unter der verführerischen blauen Federkrone ihres höchst elaborierten Huts warf Doña Josefina einen bedeutenden und, wie mir schien, blutdürstigen Blick auf das Ohrläppchen ihres Mannes. Mit ihrer tiefen Stimme wiederholte sie mehrere Male: »Oigan, señores, hören Sie nur, meine Herrschaften.« Das war ihr üblicher Beitrag zur allgemeinen Unterhaltung: Ein Zeichen höflichen Interesses innerhalb jener Grenze der Zurückhaltung, die in Lateinamerika für die Frau abgesteckt ist, und auch freiwillig eingehalten wird, zumindest was die ältere Generation angeht.

Aber Doña Josefina war viel zu aufgeregt, um sich diesmal mit dem wohlerzogenen »Hört, hört« zu begnügen. Sie trug den Bergen mancherlei nach. Während sie wieder auf Don Antonios dickes rotes Ohr sah, sprach sie sich unmissverständlich dafür aus, dass diese Maßnahme auch in weiteren Kreisen zu empfehlen sei.

Obwohl sie es nicht ausdrücklich sagte, war ihr doch anzusehen, wie gerne sie ein so probates Mittel, das selbst eine Katze ans Haus binden konnte, auch bei den jungen Männern des Landes angewandt gesehen hätte. Denn »sich in die Berge davonmachen« bedeutet in jener Gegend nicht mehr und nicht weniger, als sich den Revolutionären im Maquis anzuschließen.

Don Antonio aber entging diese Drohung, die für ihn einige Jahrzehnte zu spät kam. Auch den schiefen Blick, den

seine Gattin auf sein Ohrläppchen warf, schien er nicht zu bemerken. Er saß schon kaum mehr auf der Terrasse, so sehr war er davongedriftet in jene heute kaum mehr glaubhaften Tage. Denn dieser alte Würdenträger, auf dessen schwabbeligem Bauch die goldene Kette wohlanständiger Sesshaftigkeit glänzte, war damals seinen Vorgängern im Amt entwischt, um das unordentliche und romantische Bergleben eines Rebellen zu führen. Anlass war eines jener zahllosen *pronunciamientos* gewesen, jener »Sichaussprechen« (wie die Revolutionen hier so nett genannt werden), die in den guten alten Zeiten das Leben der Republik so abwechslungsreich gemacht hatten. Kein zärtliches Erlebnis konnte mit diesen Erinnerungen wetteifern.

Klemens sah das Ressentiment, die schlecht verborgene Eifersucht, in dem glänzend emaillierten Gesicht unter der blauen Federkrone und sagte mit höflichem Lächeln: »Ich fürchte, Sie überschätzen, was wir Menschen gegen das Schicksal ausrichten können, Doña Josefina. Don Antonio und dem Kater war es bestimmt, in die Berge zu gehen, ganz gleich, welche Vorsichtsmaßregeln getroffen worden wären. Sehen Sie Gogh nur an: So wie er ist, mit seinem Loch am Kopf, wo ihm der Regen hereinläuft, haben wir ihn in dem verbotenen Paradies gefunden.«

»Es war die schönste Zeit meines Lebens«, sagte Don Antonio. »Wie gerne würde ich den Cadillac gegen mein Maultier von damals eintauschen. Aber Josefina und ich sind alte Leute, zu fett, um auch nur zu Fuß irgendwo hinzugehen.«

Neidisch sah er auf den einohrigen Repräsentanten der jüngsten Rebellengeneration.

Zu guter Letzt aber sollte sich schließlich doch noch ergeben, dass der unfreundliche alte Obstmann mit seinem »Die Katze ist gezeichnet« nicht so unrecht gehabt hatte.

Im Erdgeschoss des nächsten Hauses, unter der Wohnung unserer russischen Freundin, hatte ein Kolonialwarenhändler eines jener kleinen Geschäfte aufgemacht, die dort *pulperia* genannt werden. Er war ein hoch aufgeschossener, magerer Bursche, etwa Ende dreißig. Wenn er morgens in die Stadt fuhr, um sich für den Tagesbedarf einzudecken, glaubte man, eine langbeinige Spinne auf einem Fahrrad hocken zu sehen. Er hatte mit der Leber zu tun, und seine Geschäftsprinzipien waren die eines Leberkranken. Seine stechenden schwarzen Augen nahmen jeden Kunden aufs Korn, während er mit gereizter Stimme Fantasiepreise verlangte, als wollte er gleich dazu sagen: »Und wenn es Ihnen nicht passt, dann lassen Sie es eben.« Wenn der Kunde sich aber tatsächlich entschloss, es zu »lassen«, war er beleidigt. Während die Waren auf seinen Regalen schlecht wurden, wechselte das grünliche Gelb seines Gesichts in wütendes Rot, sooft der ebenso rote Lieferwagen eines großen anderen Kolonialwarenladens in seine natürliche Interessenzone eindrang und die Widerstandskraft seiner möglichen Kundschaft verstärkte.

Uns war er besonders gram, denn wir lebten so nah beieinander, dass er den Verlust aufs Genauste berechnen konnte. Diese tägliche Portion Ärger musste auf Dauer geradezu gesundheitsschädlich für ihn sein. Nun lieferten wir ihm endlich ein Ventil für seinen Groll: eine Katze, der geborene Feind seiner Hühner. Es entging uns nicht, dass wir nun verwundbar waren, und wir taten das Mögliche, um das lauernde Unglück zu verhüten. Allabendlich schlossen wir unseren Kater ein, um einen nächtlichen Ausflug seinerseits in den benachbarten Hühnerhof zu vermeiden. Wochen vergingen, ohne dass etwas geschah. Gogh hatte sich gut eingelebt und war eben nur ein weiteres Mitglied der Familie, die nichts beim Nachbarn kaufte.

Doch eines Morgens wurden wir um sieben von einem energischen Klopfen an der Haustür geweckt. Der frühe Besuch erwies sich als die Polizei. Mit dem Hochgefühl gestrenger Selbstzufriedenheit, das von dem Gesicht eines Polizisten leuchtet, der morgens seinen Nächsten aus dem Schlaf holen darf, verlangte er unsere Papiere zu sehen. Klemens holte sie. War die Señora zu Hause? Sie war im Bett. Und bitte, was wollte die Polizei überhaupt von uns? Sein Auftrag lautete, er solle die Señora auf die nächste Polizeistation bringen. Mehr wusste er nicht. Würde die Señora aufstehen und mitkommen?

Schließlich einigte man sich darauf, dass Klemens an meiner Stelle gehen würde.

Kaum waren sie um die Ecke gebogen, als unser Nachbar auf seinem Fahrrad vorbeifuhr. Er sah giftiger aus als je zuvor, aber so triumphierend giftig, dass ich ihn auf der

Stelle mit dem ungebetenen Morgenbesuch in Verbindung brachte. Als er vorbeifuhr, sah ich, dass er in einer Hand vorsichtig eine große Schüssel balancierte, die ordentlich mit einem weißen Tuch bedeckt war.

Eine halbe Stunde mochte vergangen sein, bevor derselbe Polizist zurückkam und mir ein Zettelchen von Klemens brachte. Ich solle mich nicht aufregen, aber ich müsse kommen und Gogh mitbringen. Der Polizist war mittlerweile etwas gesprächiger geworden. Während unseres kurzen Spaziergangs zur Polizeistation, drei Straßenecken weiter in Richtung Stadt, bestätigte er meinen Verdacht: Der Kolonialwarenhändler beschuldigte uns, eine Wildkatze zu halten, die seiner besten Zuchthenne den Garaus gemacht habe.

Der vermeintliche Mörder ging unterdessen wie ein artiger junger Hund an einem Strick neben uns her. Als wir zur Polizeistation kamen, war die Verwunderung riesig, ganz so, als hätte man erwartet, ich erscheine mit einem Leoparden.

»Wirklich, Señor«, sagte der Offizier vom Dienst zu Klemens. »Es lässt sich nicht bestreiten, dass Ihre Katze doch sehr klein ist, um ein so großes Huhn anzugreifen. Wäre es eine Katze, die ihre beiden Ohren hätte, würde ich mich weigern, es zu glauben. Aber eine gestreifte Katze mit einem abgeschnittenen Ohr, da ist alles möglich. Das ist eine Rasse für sich. Ich kann Sie nicht ohne Weiteres davon freisprechen, dass Sie eine gemeingefährliche Katze halten, Señor.«

Während die Gruppe am Tisch Gogh und mich betrachtete, konnte ich die Augen nicht von dem unglücklichen

Opfer lassen, das auf dem tintenbespritzten alten Mahagonitisch aufgebahrt lag. Mochte ihr Tod auch gewaltsam gewesen sein, die arme Henne bot in diesem Augenblick einen höchst friedlichen Anblick. Und gewiss nicht weniger appetitlich für alle Anwesenden als für eine Katze. Da lag sie, von ihrem bunten Federkleid befreit, in ihrer fetten gelben Nacktheit auf einem sauberen weißen Teller. Was auch immer ihre Todeswunden gewesen waren, die Hand einer erfahrenen Köchin hatte das Werk vollendet, sie geöffnet, gereinigt und auf ein Bett aus Petersilie und Zwiebelscheiben gelegt.

Eben erklärte der zornige Eigentümer aufs Neue, wie das arme Huhn den Weg vom Vogel zum Essgegenstand gemacht hatte. Dabei schwenkte er eine Handvoll gelber und roter Federn aufgeregt hin und her. »Hier riss er ihr den Bauch auf«, rief er. »Bis ihr die Eingeweide heraushingen. Es blieb uns nichts anderes übrig, als sie zu schlachten.« Und er deutete auf das Loch, wo seine Frau – sei es den Katzenkrallen oder einem ganz gewöhnlichen Kochbuch folgend – das Huhn ausgenommen hatte. Leber, Magen und Herz waren säuberlich auf Zwiebelscheiben gelegt worden.

Es war mir unmöglich, die Sache sowie auch die anwesenden Männer ernst zu nehmen. »Wir wollen die Henne kaufen«, schlug ich vor. »Ganz gleich, wie sie gestorben ist. Und zwar auf der Stelle. Ein so großes Huhn gehört früh in den Topf, sonst ist es bis zum Mittag nicht weich.« Der Vorschlag fand allgemeinen Beifall. Selbst der finstere Ankläger ließ sich zu einem Nicken bewegen. Aber die Preisverhandlung erwies sich als so zäh, dass sie vor die Vereinten Nationen gehört hätte. Der Preis sollte nicht nur die Henne, sondern auch die mit ihr ums Leben gebrachten Hühnergenerationen aufwiegen.

Somit landeten wir bald an einem toten Punkt. Das Verhandlungsklima drohte bei dem allseitig wachsenden Frühstückshunger minütlich unerfreulicher zu werden, als auf einmal eine ganz unerwartete Hilfe auf der Bildfläche erschien: unsere Köchin Ophelia, die gerade mit dem Einkaufskorb auf dem Kopf die Avenida entlangkam. »Die Köchin war den ganzen Tag zu Hause, sie müsste das Verbrechen gesehen haben«, sagte ich und holte sie sofort herein.

Ophelia ist nicht unbedingt intelligent, aber sie ist mit einem sechsten Sinn begabt, der den gewöhnlichen Sterblichen fehlt. Sie kann einen männlichen Baum, zum Beispiel eine Kokospalme oder Papaya, mit einem Blick von einem weiblichen Baum unterscheiden, auch wenn sie gerade weder Blüten, noch Früchte tragen. Ophelia kam also herein, blieb schüchtern an der Tür stehen und ließ ihre dunklen runden Augen über die Anwesenden gleiten. Ihr kleiner Kopf schwankte sanft auf dem streichholzdünnen, runzeligen Halse hin und her. Ohne irgendeiner Erklärung zu bedürfen, sagte sie mit langsamer, tonloser Stimme: »Sie haben es nicht nötig, das Huhn zu kaufen, Doña Hilde. Erstens ist es zu alt. Zweitens wird er zu viel dafür verlangen. Und schließlich ist es nicht Ihre Katze gewesen.«

Selten hatten wir ihre breiige Stimme lieber gehört. »Woher weißt du das so genau, Ophelia?«, fragten wir sie.

Ophelia lächelte ein selbstzufriedenes Lächeln, ihre Rehaugen glänzten vor Freude über ihren Erfolg. Sie setzte den Korb mit den Einkäufen auf den Boden und ging auf den Tisch zu. (Ich wusste, sie konnte den Kolonialwarenhändler auch nicht leiden.)

»Ich habe gesehen, wie eine der Katzen mit dem schönen Fell hinter ihr her war.« Sie strahlte, wandte sich an den Kolonialwarenhändler und fuhr fort: »Ihre Frau hat es auch gesehen, aber Sie mögen die Katzen mit dem feinen Fell lieber als unsere. Und Sie wissen genau, warum ...« (Die Katzen mit dem schönen Fell, von denen sie sprach, waren die bereits erwähnten Angorakatzen des Tischlers, dessen Mitarbeiter die einzigen Kunden des kleinen Ladens waren. Die *pulperia* verdankte ihr Bestehen nur dem Kreditsystem der Tischlerei.)

»Die Angelegenheit muss geklärt werden«, wandte sich jetzt Klemens an den Polizeioffizier. »Wollen Sie bitte die Frau des Anklägers holen lassen, außerdem den Tischler, seine Frau und am besten auch noch seine Köchin?«

Unser Gegner sah bereits das wütende Gesicht seines einzigen Kunden vor sich, wie er vom Frühstückstisch aufstand, um sich auf den Weg zur Polizei zu machen. Der Tischler war kein geduldiger Mann. Unser Kater konnte ihn teuer zu stehen kommen. Und noch ehe der Offizier einen Befehl geben konnte, griff der unglückliche Ankläger nach dem Teller mit seinem Huhn. Wenn es für uns zu alt sei, so würde er es eben selbst essen, murmelte er ärgerlich und ging hinaus zu seinem Rad. Wir aber stellten förmlich fest, dass wir zu Unrecht anklagt worden seien, einen gemeingefährlichen Kater zu halten, und ließen Goghs einohrige Unbescholtenheit für alle Zukunft zu Protokoll nehmen.

Und keine Kochbananen mehr

Die Sirenen der Zeitung heulten dreimal, durchdringend.
Dann stimmten alle Sirenen der Stadt mit ein. Es war ein
furchtbarer Lärm. Da unser Radio gerade in der Reparatur
war, stürzte ich auf die Straße und zum nächsten öffentlichen Telefon, um zu hören, was passiert war. (Drei Pfiffe,
das hieß bei uns in der Stadt auf der Insel: Nachrichten von
internationaler Bedeutung. Bei einem lokalen Ereignis wurde zweimal gepfiffen. Ein Pfiff galt nur dem Elektriker.)

Gegenüber, an der Ecke vor dem Telefonhäuschen, saß
ein Mann am Straßenrand, die Beine lang ausgestreckt, den
Rücken gegen den Laternenpfahl gelehnt. Er war barfuß.
In seine Hose aus dunkelblauer Baumwolle waren säuber-
liche Flicken aus einem hellen Blau eingesetzt, das aussah
wie kleine Stücke heiteren Himmels an einem wolkigen
Nachmittag. Eine weniger glückliche Hand hatte unter-
nehmungslustigere Farben in das eine Hosenbein eingesetzt, während das andere in höchst unvorschriftsmäßige
Fransen auslief. Der Oberteil seiner Kleidung bestand aus
einem alten Zuckersack, aus dem eine Art ärmelloser Hän-
ger gemacht war. Die großen roten Druckbuchstaben der
Zuckermühle waren schon fast ganz ausgewaschen, und das
Kleidungsstück hatte jenen bedenklichen Zustand erreicht,
in dem die fadenscheinigen Stofffetzen sich über Stücke

nackter Haut hinweg gerade noch die Hand reichten. Was sein Gesicht anging, so waren zwei Erdteile zusammengekommen, um diesen Sohn eines dritten hervorzubringen: die dunkle Haut, die auf dem afrikanischen Kontinent vorherrschte, traf auf seine eckigen, asiatisch geprägten Züge, und über den schmalen, mongolischen Augen stand sein kurzes, wolliges schwarzes Haar. Die Gelassenheit, mit der er dasaß, war durchaus tropisch.

Es war ein heißer Nachmittag, und er war der einzige Mensch auf der ganzen Avenida. Als ich auf ihn zuging, dachte ich: »Sieh dir nur diesen Kerl an, wie beneidenswert er ist! So zeitlos wie unsere Katze! Da sitzt er am Rande der Geschichte und kaut seine Erdnüsse. Die Signale sind immer nur für uns. Unser Wohl und Wehe wird aus allen Lautsprechern geschrien. Für ihn ist es nichts als Lärm. Ein modernes Märchen, Dinge, die sich abspielen, irgendwo weit weg, wo niemand je hinkommt.«

Als ich an ihm vorbeiging, sah er auf und sagte: »Wunderbare Nachrichten, Señora. Wunderbar! Der Krieg ist aus. Frieden!« Seine schmalen Augen glitzerten vor Freude. Ich blieb stehen. Ich brauchte nicht mehr zu telefonieren. Er hatte es bereits im Radio gehört.

Das war sie also, die große, die lang ersehnte Nachricht. Ich fühlte nichts ... Es war so, wie es einem geht, wenn das Erwartete da ist und die Spannung uns loslässt: Man wird einen Augenblick lang aufgehoben ins Unwirkliche. Dann wird man fallen gelassen in irgendeine Tiefe, von der man

erst langsam wieder an die Oberfläche zurückkommt. Das Gefühl setzt aus.

Plötzlich hörte ich eine Stimme, die sagte: »Also, das heißt, dass ich im nächsten Monat in Paris bin.«

Ich begriff nicht gleich, wer sprach. Ich hatte den Mann völlig vergessen.

Da saß er, an seinem Laternenpfahl, hob grinsend das Gesicht, sah zu mir auf und wiederholte mehrmals, in mein dumpfes Erstaunen hinein: »Jawohl, Señora, nächsten Monat geht es nach Paris.«

Ich konnte ihn nur anstarren. Irgendwie schien mir das Gleichgewicht abhandengekommen zu sein. Da begann er zu singen:

»Bim, bam,
Der Krieg ist aus.
Jetzt fahren sie nach Haus.«

Er schwang den Kopf im Takt und kaute Erdnüsse. Strahlte vor Glück. Nein, er war nicht im Leisesten betrunken.

»Por favor«, fragte ich. »Was sagen Sie da?«

»Ganz einfach«, antwortete er, vergnügt, dass ich ihm endlich meine volle Aufmerksamkeit zu schenken schien. »Ich arbeite bei ... (er nannte den Namen eines französischen Flüchtlings, der die Kriegszeit hier draußen verbracht hatte). Er hat ein Kino in Paris. Er fährt jetzt sofort zurück. Und mich nimmt er mit. Bim, bam, bim, bam.«

Ich starrte ihn immer noch an. Mit sichtlicher Selbstzufriedenheit fuhr er fort: »Si, *Señora,* ich bin schon seit drei Jahren bei ihm. Jedes Mal, wenn ich die Arbeit satthatte und drauf und dran war, davonzugehen und ein paar Monate lang nichts zu tun, dann dachte ich an Paris und verkniff es mir. Aber in der letzten Zeit wurde es mir wirklich zu viel, all die Arbeit und die ewige Warterei. Da versprach ich meinem Heiligen eine Kerze, wenn er in diesem Monat dafür sorgen wolle, dass der Krieg endlich aufhört. Das war eine gute Idee. Es hat sofort genutzt. Schade, dass es mir nicht eher eingefallen ist! *Bim, bam, jetzt fahren sie nach Haus, und ich geh mit.*«

Ob ich Paris kenne? Ja, ich kannte es. Und war es wirklich wahr, dass man dort keine Kochbananen aß? Ich konnte ihm nur bestätigen, dass er gut unterrichtet war.

»Zu komisch«, sagte er. »Was die Leute für einen Trubel machen um einen Ort, an dem es nicht einmal Kochbananen gibt! Aber mir ist es gleich. Ich habe so lange darauf gewartet. Jetzt ist der Krieg vorbei, und es geht nach Paris. Kochbananen hin oder her.«

»*Bim, bam,*
der Krieg ist aus,
bim, bam.«

Ich hörte ihn weiter singen, während ich nach Hause ging, immer noch ganz benommen.

Klemens stand schon vor der Haustür, blass und aufgeregt. »Es ist vorbei«, rief ich. »Zu Ende, endlich zu Ende! Denk dir, die Franzosen machen schon Pläne für die Heimfahrt. Selbst der zerlumpte Mann dort drüben am Straßenrand hat bereits eine Fahrkarte nach Europa in der Tasche.«

Im Nebengarten zog Don Abelardos Chauffeur die Fahne hoch. Schon war sie höher als unsere Kokospalmen. Schweigend gingen wir auf unsere Terrasse und hängten auch bei uns die Landesfahne über das Geländer.

Nachwort

Hilde Domin, Dichterin, geboren am 27. Juli 1909, lebte bis zu ihrem Exil 1932 in diesem Haus.

Das steht auf einer Plakette an einem Haus in der Riehler Straße 23 in der Kölner Innenstadt. Eine schlichte Inschrift, die an eine Künstlerin erinnert, die vor dem Naziterror 1939 zunächst nach England, später Kanada und schließlich in die Dominikanische Republik geflüchtet war. Was sich aber hinter diesen nüchternen biografischen Angaben verbirgt, ist ein bewegtes Leben voller Dramatik, Gefahren, seelischen Abstürzen und immer wieder frisch erwachtem Lebensmut, der sie in dunklen Momenten vor der Selbstaufgabe rettete. 1946 begann sie sich auf das Schreiben zu konzentrieren, das sie, wie sie selbst einmal sagte, nach dem Tod der Mutter vor dem Suizid bewahrte. Damals lebte Hilde Domin noch in Santo Domingo, wo es sie nach mehreren anderen Stationen auf ihrer Flucht vor den Nazis 1940 verschlagen hatte. Erst 1954 kehrte sie nach zweiundzwanzig Jahren im Exil nach Deutschland zurück und lebte neben längeren Zwischenaufenthalten in Spanien vor allem in Heidelberg, wo sie einst studiert hatte. Dort starb sie am 22. Februar 2006 im Alter von fast siebenundneunzig Jahren.

Sie war mir natürlich als Lyrikerin längst bekannt, als ich Hilde Domin im Jahr 2004 im Haus von Kölner Freunden begegnete, wo sie mit ihren fünfundneunzig Jahren nach einem Abendessen in gemütlicher Runde einige ihrer Gedichte vortrug. Sie begrüßte mich mit einem freudigen »Sie und ich haben, wie ich erfahren habe, den gleichen Mädchennamen!«. Mit diesem Satz war jegliches Eis gebrochen, und ich verbrachte einen wunderbaren Abend mit dieser liebenswerten, scharfsinnigen und trotz ihres hohen Alters temperamentvollen Frau. In der Tat war sie nicht als »Hilde Domin«, sondern als Tochter des aus Düsseldorf stammenden Justizrats Eugen Löwenstein und seiner Frau Paula mit dem Namen Hilde Löwenstein in Köln zur Welt gekommen. Mein eigener Mädchenname lautet zwar ebenfalls Löwenstein, doch leider gibt es keinerlei Verwandtschaft zwischen uns. Mit einem Lachen bemerkte Hilde Domin, die 1938 ihren Studienfreund Erwin Walter Palm in Rom geheiratet hatte, aber unter ihrem Künstlername »Domin« bekannt wurde, was eine Hommage an den Zufluchtsort Dominikanische Republik war: »Mein Künstlername ist zwar wesentlich kürzer als mein Mädchenname, aber eine Silbe länger als mein Ehename.« Eine Zeit lang hatte sie als »Hilde Palm« unter anderem als Übersetzerin gearbeitet, doch ihre Gedichte veröffentlichte sie von Anfang an, also ab 1954, unter »Domin«.

Berühmt wurde Hilde Domin Mitte der Fünfzigerjahre durch ihre ersten Lyrikpublikationen. »Nur eine Rose als

Stütze« zählt längst zu den Klassikern der modernen deutschen Dichtkunst, ein Gedicht, dessen sprachliche Intensität und schwebender Rhythmus beweisen, dass die Dichterin nach all den Jahren in der Fremde, in der sie im Alltag Englisch und Spanisch benutzte, doch noch in ihrer Seele tief in der deutschen Sprache verwurzelt war.

Ich richte mir ein Zimmer ein in der Luft
unter den Akrobaten und Vögeln:
mein Bett auf dem Trapez des Gefühls
wie ein Nest im Wind
auf der äußersten Spitze des Zweigs.

So lautet die erste Strophe dieses viel zitierten Gedichts, das 1956 in einer Sammlung mit weiteren Gedichten erschien. All die Entbehrungen und Traumata ihrer langjährigen Gratwanderung, wie sie selbst die Jahre zwischen Italien, England, Kanada und den Antillen mit der damit verknüpften Suche nach Frieden und Sicherheit bezeichnete, konnten ihr nicht die in ihrer tiefen Menschlichkeit wurzelnde Hingabe an das Leben rauben. Selbst wenn der Glaube an dauerhafte Beziehungen erschüttert worden war, so glüht immer noch ein Fünkchen Hoffnung, das sie auch in ihren persönlichen Krisen begleitete und die Ängste in ihrem Inneren besänftigte.

Dennoch war sie zeit ihres Lebens nie ganz geheilt von ihren Erfahrungen, zu denen das düstere Erlebnis der Ausgrenzung, Verfolgung, das Gefühl des Fremdseins und der Unsicherheit zählten. Wo war sie zu Hause, was bedeuten Begriffe wie Heimat und Beziehungen? Sie blieb eine Suchende, wie sie selbst sagte, auf einem schmalen Pfad zwischen Vergangenheit, Gegenwart und einer Zukunft, der sie nicht recht traute.

Der inzwischen verstorbene Dichter Said, der aus dem Iran nach Deutschland geflüchtet war, sagte mir einmal auf meine Frage, ob er in Deutschland eine neue Heimat gefunden habe: »Nicht im Land, aber in der Sprache. Meine Muttersprache Farsi habe ich gegen Deutsch eingetauscht und dadurch ein neues Zuhause gefunden.« Auch Hilde Domin fand ihr Nach-Exils-Zuhause weniger in der einst vertrauten, dann verlorenen und erneut wiederentdeckten Umgebung von Heidelberg als vielmehr in der ihr eigenen, in ihr tief verwurzelten Sprache, die sie immer wieder neu zu formen verstand.

Rückzug

Ich bitte die Worte zu mir zurück
ich locke alle meine Worte
die hilflosen

Ich versammle die Bilder
die Landschaften kommen zu mir
die Bäume die Menschen

Nichts ist fern
alle versammeln sich
so viel Helle

Ich ein Teil von allem
kehre mit allem
in mich zurück
und verschließe mich
und gehe fort
aus der blühenden Helle
dem Grün dem Gold dem Blau
in das Erinnerungslose

Dennoch sah sie sich nach all den Jahren mit Spanisch als
Alltagssprache und Grundstock ihres Lebensunterhaltes
als Übersetzerin oft als »spanische Autorin, die Deutsch
schreibt«. Aber ihre Kreativität wurde aus mehr Quellen ge-
speist. Wer sich intensiv mit ihrer Lyrik befasst, entdeckt dort
zahlreiche Einflüsse aus vielen Kulturen, vom Ägyptischen
bis zum Arabischen. »Ich sauge die Welt in mich auf und ent-
wickelte daraus meine eigene Kunst«, sagte sie mir an jenem
Abend in Köln, an dem sie, wie immer, jedes ihrer Gedichte
zweimal vortrug. »Sprache ist flüchtig, deshalb sollte man
jedes Wort mehrfach in sich aufnehmen«, lautete ihre Devise.
  Sprache bedeutete für Hilde Domin, vergleichbar dem
Instrument eines Musikers oder dem Pinsel eines Malers,
ein Instrument der Erlösung, ein Mittel, den Weg zurück

zur verlorenen Hoffnung zu finden. Das heißt aber nicht, dass sie in ihrem reichen Repertoire an Lyrik die dunklen Themen meidet. Ein fester Teil des Lebens ist der Tod, mit dem sich die Dichterin oft befasste, mit einem Abschied, der unabdingbar ist. Ihr Mann starb 1988 in Heidelberg, sie überlebte ihn um achtundzwanzig Jahre. In ihrer Lyrik versucht sie mit dieser Trauer fertigzuwerden.

> Die schwersten Wege
> werden allein gegangen,
> die Enttäuschung, der Verlust,
> das Opfer
> sind einsam.
> Alle Vögel schweigen. (…)
> Man hört nur den eigenen Schritt
> und den Schritt den der Fuß
> noch nicht gegangen ist aber gehen wird.
> Stehenbleiben und sich Umdrehn
> hilft nicht. Es muß
> gegangen sein.

»Die schwersten Wege« ist neben »Nur eine Rose als Stütze« sicherlich eines der bekanntesten Gedichte von Hilde Domin. Auch hier letztlich bei aller Trauer das Ja zum Leben, das sich in dem Titel der Gedichtsammlung »Der Baum blüht trotzdem« ebenfalls widerspiegelt. Das Leben geht weiter, auch wenn dieser Satz nach Klischee klingt. Hilde Domin sagt in dem 1993 im S. Fischer Verlag erschienenen Essay-band *Wozu Lyrik heute:*

> Was in den Zeilen sozusagen »eingefroren« oder »ge-ronnen« ist (und nur das), kann der vom Atem des Dich-ters geführte Atem des Lesers wieder auftauen und, auf seine eigene, einmalige Weise, für sich erneut ins Flie-ßen bringen.

Ihre Gedichte sind dank der als Taschenbuch verlegten Neu-ausgaben nicht in Vergessenheit geraten. Aber was wissen wir von der »frühen« Hilde Domin, die sich im Exil eine neue Heimat erfinden und eine neue Welt entdecken musste?

Dass sie durchaus auch jenseits der Lyrik eine Meisterin der Sprache war, hat sie unter anderem in ihren autobiogra-fischen Schriften und in dem als Roman in Segmenten be-schriebenen Werk *Das zweite Paradies* (Piper 1968) bewiesen. Doch in dem jetzt vorliegenden Band mit bislang unbekann-ten Erzählungen erleben wir eine Dichterin, die die knappe Form der Lyrik gegen die opulentere Möglichkeit der Pro-sa eintauscht, um Geschichten zu erzählen, Schauplätze zu schildern, Charaktere einzuführen, die nicht den strengen Regeln der verknappten Poesie folgen müssen.

Mit Hilfe dieser frühen Erzählungen hat sich Hilde Domin ihrem Leben in der Fremde angenähert, dank der Sprache als ihrem ureigensten Werkzeug gewagt, das Gefühl der Ver-lorenheit zu überwinden oder zumindest es anzugreifen.

Wer die Gedichte Hilde Domins liest oder sie hört, der wird die Dichterin in den Erzählungen wiederfinden, obwohl diese lange vor ihrem Durchbruch als Lyrikerin entstanden sind.

Es sind zumeist sehr persönliche Geschichten, die Hilde Domin erzählt, fast schon autobiografische Momentaufnahmen, angereichert mit kleinen prägnanten Anmerkungen, oft humorvollen Ausschmückungen und stilistischen Feinheiten. Die Titel zeigen, wie sehr hier der Alltag in der Fremde, die man sich erst noch zu eigen machen muss, eine wichtige Rolle spielt.

»Frühmorgens, wenn der Puter kommt« schildert etwa die Begegnung mit einem Störenfried, dessen regelmäßiger lautstarker Morgenauftritt zu allerlei vergnüglichen, aber auch nachdenklichen Momenten führt. Immer wieder bezieht sich die Autorin in ihren Geschichten auf die »große« Fremde, die auf ihrem Gemüt lastet.

In »Nie wieder Kochbananen« beschreibt sie die Freude eines Mannes, der nun, nach Kriegsende, nach Frankreich reisen und im Kino eines Freundes arbeiten wird. In dem Dialog mit diesem Mann, der vor Glück über seine anstehende Reise in ein Land strahlt, in dem es »keine Kochbananen gibt«, schwingt ihre eigene, wehmütige Sehnsucht nach der Vergangenheit und den Orten mit, die einst vertraut waren. »Ja, in Paris gibt es wirklich keine Kochbananen.« So lapidar das scheinen mag, zeigt sich gerade in solchen Sätzen die Befindlichkeit zwischen Dankbarkeit, im Exil überlebt zu haben, und dem Kummer, das Vertraute verloren zu haben.

Denn als Hilde Domin Deutschland hinter sich ließ, konnte sie nicht ahnen, ob sie jeder wieder »heimkehren« würde.

In ihren Erzählungen, ob nun »Vitalis Huhn« oder »Die Erscheinung«, »Nichts gegen Gogh« oder »Erdbeben«, klingt vieles bereits an, was Hilde Domin etliche Jahre später in ihren Gedichten in komprimierter Form ausdrückt. Immer wieder geht es auch um Sehnsüchte und Trauer, um Staunen und Verlustängste, um die Akzeptanz der Situation und die Hoffnung auf eine Veränderung zum Guten, um ein trotziges »Trotzdem«. Insofern sind die Erzählungen eine wichtige Ergänzung ihres lyrischen Werkes und zugleich ein Lesevergnügen, das man auch jenseits aller Kenntnisse ihrer Gedichte genießen kann.

Hilde Domin, geborene Löwenstein, verheiratete Palm, mag zwar als Lyrikerin berühmt geworden sein, aber ihre Prosa muss sich nicht verstecken. Deswegen ist es umso erfreulicher, dass diese – zudem so schön illustrierten – »Berichte« vom Leben und Überleben in einer exotischen Ferne in diesem Band endlich einmal versammelt sind. Dadurch werden ganz andere Aspekte dieser vielseitigen Künstlerin deutlich, die bisher im Vergessen geschlummert haben.

An jenem Abend, an dem ich mich mit der anlässlich ihres fünfundneunzigsten Geburtstages gerade erst zur Ehrenbürgerin von Heidelberg ernannten Dichterin unterhielt, beeindruckten mich vor allem ihre große Bescheidenheit und ihre Gelassenheit, mit der sie auf ihr langes Leben und auf ihre Werke zurückblickte. Dazu passte eine Aussage, die sie in einem Interview 1986 auf die Frage, wie viel Mut ein Schriftsteller benötige, machte: »Ein Schriftsteller braucht drei Arten von Mut. Den, er selbst zu sein. Den Mut, nichts umzulügen, die Dinge beim Namen zu nennen. Und drittens den, an die Anrufbarkeit der anderen zu glauben.«

Selbst im hohen Alter prägte dieser dreifache Mut ihr Leben, in dem sie sich bis in ihre letzten Monate stets auch mit politischen Diskussionen und mit den großen Themen Recht und Unrecht, Gerechtigkeit und Menschlichkeit befasste. Dabei aber vergaß sie nie, dass Lächeln und Humor oft starke Waffen sein können und vor allem der Glaube an die Kraft der Worte:

Nicht müde werden
sondern dem Wunder
leise
wie einem Vogel
die Hand hinhalten.

Margarete von Schwarzkopf

Editorische Notizen

Bei der Edition der Typoskripte ist sehr behutsam vorgegangen worden. Bei der Korrektur sind Fehler, Unstimmigkeiten, Dopplungen und Irritationen durch eine veraltete Wortwahl berücksichtigt worden. Einige Geschichten liegen in mehreren Fassungen vor, teils mit Bearbeitungs- und Kürzungsvorschlägen, die nicht eindeutig datiert und zugeordnet werden können. In diesen Fällen ist mit Blick auf Kohärenz und Stimmigkeit entschieden worden.

Quellenverzeichnis

»Und keine Kochbananen mehr« aus: Hilde Domin,
Gesammelte Autobiographische Schriften. Fast ein Lebenslauf.
© S.Fischer Verlag GmbH, Frankfurt am Main 1993

»Herbstzeitlosen«, »Landen dürfen«, »Nur eine Rose als Stütze«,
»Rückzug«, »Die schwersten Wege« und »Nicht müde werden«
aus: Hilde Domin, Sämtliche Gedichte. © S.Fischer Verlag GmbH,
Frankfurt am Main 2009

»Was in den Zeilen ...« aus: Hilde Domin, Gesammelte Essays,
Vorwort. © S.Fischer Verlag GmbH, Frankfurt am Main 1993

Alle Abdrucke mit freundlicher Genehmigung des S. Fischer Verlags.

Hilde Domin
Die Liebe im Exil
Briefe an Erwin Walter Palm

384 Seiten. Gebunden

»Ich bin gar nicht mehr zum Alleinsein gemacht.«
Hilde Domin

In Hilde Domins Nachlass finden sich weit über tausend
Briefe, die sie mit ihrem Mann gewechselt hat: leidenschaft-
liche Liebesbotschaften ebenso wie anrührende Zeugnisse
der Heimatlosigkeit und der Verlassenheit.

Es sind Briefe, die ein neues Licht auf Hilde Domins bewegtes Leben werfen. Auf die Stationen eines Exils, das in Italien
seinen Anfang nahm und zuletzt in die Karibik, nach Santo
Domingo führte. Dort, gerettet und gefangen zugleich, lebten
beide bis zu ihrer Rückkehr nach Deutschland im Jahr 1954.

»Ein anrührendes Buch, das Einblick gewährt in die
Wirren der Flucht und Emigration, in Verzweiflung
und Heimatlosigkeit«
Claudia Schülke, Nürnberger Zeitung

S. Fischer

fi 1-015342 / 2

Blumen – ein Lächeln für Dich
Ein bunter Strauß Lyrik

Was duftet, strahlt und neigt sich dort so sachte? Blumen haben unzählige Gesichter, Farben, Formen und Gerüche. Doch eines haben sie alle gemein: Sie erfüllen Herz und Seele mit Freude. Manchen sind sie ein Symbol der Lebendigkeit, anderen gar Beweis von Göttlichkeit. Seit Jahrhunderten werden sie besungen, verschenkt und ranken sich um zahlreiche Geschichten und Riten – schmücken Hochzeitsaltare ebenso wie Geburtstagstische. So unterschiedlich die Blumen und ihre Bedeutungen sind, so vielfältig sind die Gedichte, die sie besingen.

Barbara Dziadosz' künstlerische, naturnahe und zugleich fantasievolle Illustrationen erwecken diesen prächtigen poetischen Garten voller Blumen zum Leben. Diese farbenfrohe und einnehmende Sammlung aus Wort und Bild betört die Sinne und lädt zu einem Spaziergang durch ein buntes Blütenmeer ein.

Mit Gedichten von
Mascha Kaléko, Rainer Maria Rilke, Gertrud Kolmar, Else Lasker-Schüler, Marie von Ebner-Eschenbach, Christian Morgenstern, Elke Erb, Selma Meerbaum-Eisinger, Erich Kästner, Heinrich Heine u. v. m.

Hardcover · ISBN 978-3-8337-4455-6
Illustrierter Gedichtband
Format: 121 x 203 mm · 208 Seiten

MP3-CD · ISBN 978-3-8337-4486-0